edition suhrkamp 2497

Mit wenig Assoziationen beschwert; künstlich, neu oder nur vorübergehend im Sprachgebrauch – Fremdwörter scheinen sich für ihre Existenz zu entschuldigen: »Ich erfülle hier nur Begriffsfunktion, habe einen Arbeitsplatz inne, für den es im Moment keinen qualifizierten Deutschen gibt.« Können sie das ernst meinen? Und – Sonette? Wenn Nematoden, Popikonen, Koryphäen, Synchronschwimmerinnen und moderne Loser in Quartetten und Terzetten vorkommen, hat es nicht nur mit Spaß an der Reibung zu tun, sondern auch mit existentiellen Sprachspielen, der spielerischen Existenz im campigen Gewand. Durch das strenge Gitter der Zeilen ist die Welt messbar, erfassbar, greifbar; wer sie liebt und begehrt, fertigt ihr Gefäße; aber die Welt beult die Kulturform aus, buchtet sie ein, bricht sie und zersplittert daran selbst. Feixen in ausgefeilten Systemen, trauern im kaputten Sonett: Wenn eine Form noch lebt, dann so.

Ann Cotten, geboren 1982 in Iowa, lebt seit 1987 in Wien, seit 2006 in Berlin. *Fremdwörterbuchsonette* ist ihr erstes Buch.

Foto: Marko Lipuš

Ann Cotten
Fremdwörterbuchsonette

Gedichte

Suhrkamp

Klimaneutral
Druckprodukt
ClimatePartner.com/14438-2110-1001

8. Auflage 2022

Erste Auflage 2007
edition suhrkamp 2497

Druck: C. H. Beck, Nördlingen
Umschlaggestaltung nach einem Konzept
von Willy Fleckhaus: Rolf Staudt
Printed in Germany
ISBN 978-3-518-12497-0

www.suhrkamp.de

Fremdwörterbuchsonette

1 Loxodrome oder die vermessenen Kurven

Loxodrom: die Längenkreise kreisen
um Kreise (siehe auch: Meridian)
einer Kugel her beziehungsweise
der Erdkugel unter gleichem Winkel

schneidend (von gedachten Kurven auf
einer Kugel drauf beziehungsweise
auf der Erdkugel). Loxodrome, die:
Kurve, welche innen loxodrom ist.

Unerreichbar weilt die Loxodrome
nah am Partner, dem Meridian.
Überspannt entbehrlich die Atome
wo sie, begehrlich, dünner werden kann.
Und unbeleckt vom Wirken der Symptome
schielt hin mit einem Auge der Meridian.

Schielt hin mit einem Auge der Meridian
wenn in den grauen Morgen erster heller Dunst
passiert die Flanke rasch der Loxodrome
und neue Zeit verwest.

Denn ohne neue Zeit wäre die Loxodrome
viel zweifelhafter, als sie ohnehin schon ist.
Dies weiß und schätzt im Stillen der Meridian
und wartet, bis einmal die Zeit auf sie vergisst,

um dann im Zweifel aneinander aufzugehen
und ohne Zeit Sonnen privat multipliziern,
in diesem Licht verzückt die Augen aufschlagen und

einander paar von diesen Wörtern sagen,
um in Gedanken, welche wieder kleine Sonnen ziern,
Maßlosigkeit mit Loxodromen zu versehen.

2 Die Liebe ist Sieger – rege ist sie bei Leid

Das Palindrom ist nicht Palingenese:
die wäre, übertragen, Anagramm.
Das macht man sonst mit Steinen oder Käse, nicht?
Doch wer sagt, dass mans nicht mit andren Dingen
machen kann?

Ich schüttele den Rucksack, wenn ich gehe,
und auch meine Gedanken sind ja palingen;
ich schüttele im Auge, was ich sehe,
und hoffe, etwas anderes zu sehn.

Sie nämlich, wenn ich in die Fluchten schaue
und mich vor Hoffnungen den Blick nicht senken traue,
und setze Fuß vor Fuß der Mitte zu,
wo man in jede Richtung bis zum Ende schauen kann.
Dort schaue ich das Nichts, und schüttle mich, und dann
nehm ich den ersten besten Weg und finde Ruh.

Nehm ich den ersten besten Weg und finde keine Ruh,
liegt es vielleicht am Weg, vielleicht an mir.
Denn diesen Weg hab ich ja nur genommen,
weil ich glaubte, er führt vielleicht zu dir.

Wie aber, wenn das Ziel sich auch bewegt,
muss man dann nicht, ums zu erreichen, stehen bleiben?
Die Schritte, die den Vorgang weiter treiben
werden in andren Alphabeten hingelegt.

Zenith wäre schon gut, wäre das Maß bekannt.
Nicht alle Wege aber kommen gut zurück.
Man sollte, wenn man ich ist, vielleicht lieber
weitergehen.
Um von den süßen Schmerzen abzusehen,
die C und G und T und A verrücken,
in sich verschlungen sind wir manchmal redundant.

3 Flex, Reflex

To beg the question: Deutsch: der Zirkelschluss.
Das Ziel ist gleich, das Spiel ist unterschiedlich:
Wenn du dich drehst, verlierst du nur den Kopf,
Fragebeschwörungen stören das Gegenüber.

Kann sein, dass dich das Gegenüber deshalb
gerade lieb gewinnt, da es enthoben
der Pflicht zu antworten. Dir zusehend
brauchts bloß zu stehn und irgendwann zu gehen.

Fragt sich da nur, ist das in deinem Sinn?
Was nützt das Wohlwollen, wenn dir zu Hause
die Zirkelschlüsse bis zum Halse aufgetürmt
nicht mal als Hulareifen taugen, kannst du
doch deine Solipsie nie mehr so fröhlich
durchführen, dass, wie früher, alles zu schweben scheint.

Das Gegenüber könnte helfen. Deshalb bau
in deine Zirkelschlüsse eine Schlüsselstelle ein.
Wie beim Gerät der Clowns und Zauberer kann dann
ein zweiter Ring gelinde in den deinen schlüpfen,

wenn niemand hinsieht. Ja noch vier bis fünf.
Es braucht nur diesen Fehler, der dein Wohlwollen
wie ein verschärftes Zwinkern – was denn?
Beherbergt eine Ritze dein Begehren?

Machst du die Fehler nur, um korrigiert zu werden?
Ist dieser alte Trick nicht bloß unendlich trist?
Oh, dein versehrtes Ich denkt gleich an tryst, an trust,
Trapeze, Blindflug, und wie dieses Klackern klingt,
und will doch nur, dass jemand anders zugibt,
dass er getrickst hat, um mit dir zusammenzufallen.

4 Ellen Blick

Die Liebe ist voll inkommensurabel,
die Liebe im Gewand kommensurabel,
wo nicht erwidert: inkommensurabel,
wo in Sonetten hergereimt: Parabel.

Die Wiederholung: a-Fall oder b-?
Geht nicht zu sagen, ohne Reimegabel.
Fest steht: wir kennen längst schon c und d. (oder?)
Indes bleibt unentscheidbar »inkommensurabel«.

Ununterscheidbar, was sich wiederholt;
so wie ihrs seht, zählt ihr es, wie ihr wollt,
doch bleibt entscheidend jener kleine Unterschied,
der Fehler, wenn ihr wollt, bestellt zur Streitbarkeit,
stillt, wie geholt, diskret Ununterscheidbarkeit,
wies vorhin schon als e und e verblieb.

Ob Paar oder umschlungen oder gar gekreuzt,
bleibe indes Geheimnis zwischen a und a.
Was ich soeben in mein Taschentuch geschneuzt
(zum Beispiel)
gleicht nicht mehr dem, was ich soeben war.

Das eben war ein Gleichnis – denn es reimt sich oft
ein Gleichnis eher mit mit ihm Gemeintem
als literale Wirklichkeit, die, oft zu soft,
oder als hart gehandelt, sticht sich mit Gereimtem.

Dies alles nebenbei: es geht um Messbarkeit;
doch Versfüße ufern aus in Müdigkeit:
humorig, wer so salivierend Welten fressen kann:
in Tränen oder Nasenschleim zerrinnen Grade,
in Zigarettenrauch vergehen Tage
und metrisch messend haben sich zu viele schon vertan.

Doch darum wär es nicht einmal gegangen.
Es ging ja drum, Liebe zu messen, nicht?
Und wär sie, zugegeben, schwer, so einzufangen,
haben wir einst nicht schlicht Liebe besessen?

Was aber liebt der Liebhaber als Welt?
(und misst er sie auch aus in *ihrem* Schritt)
Wo anders schlägt er auf sein rosa Zelt?
(auch wenn ihm lieber wär, *sie* käme mit)

Er misst am Durchmesser *ihrer* Pupillen
den Raum, er hört die Zeit an *ihren* Grillen,
er merkt, wenn *sie* nicht schläft, nicht, dass es Abend ist.

Welt ist daher kommensurabel, wenn auch seicht,
und reicht so weit der Autofokus reicht,
denn simultan sieht niemand, was und das, womit sie
misst.

5 Zwei im Fallen

Analogisch kracht sie in das Auge,
parallel? eher in einer späten Phase
möglicherweise, kurz. Denn solang spielt Isanabase,
wie steigend stimmt, was ihrem Auge tauge.

Kracht also in das chlorversetzte Nass
Isanabase unsichtbar: es sind zwei Mädchen,
das Herz an Schnüren, Gliedmaßen an Rädchen,
so scheints. Erhoben wurde aber, dass,

als oder wie, der beiden Mädchen Brüste
nicht gleicher Höhe sind. Als ob sies wüsste
dreht sich die eine leicht im Wasser hin

zur andern, welche auf der linken Seite
sich krummer wölbt, verlangt entlang der Breite
die gleiche Gischt der andern Schwimmerin.

Und wie sie lächeln, ganz als wärn sie gleich!
Und jeder kann sie leicht doch unterscheiden!
Von ihren Füßen hebt sich Wasser auf,

von ihren Köpfen, wie das Wasser weicht
den Köpfen, filigran wie von den Glasgeschmeiden
nehmen die Wellen regelmäßig ihren Lauf.

Gehen die Mädchen dann und hören auf
und sehen asymmetrisch sich im Spiegel an,
fängt langsam hier ein Haar, dort eine Falte an
und fröstelt sich aus der Haut hinüber,

ein Achselzucken fügt sich wie die Gänsetippel
an ihre Körperteile. Keine hebt den Blick.
In andern Betten liegen sie den gleichen Knick.
Ihr Körper tut, als schliefe er, da ihm vorm Morgen
graut.

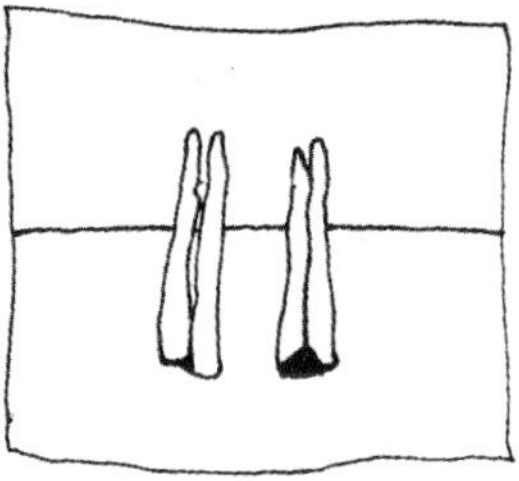

6 Ein kurzer Halt am Gehsteig beim Reden

Ich stehe vor zwei Wegen: auf einem stehst du,
so suchen meine Augen eine Lösung auf die Antwort.
So nicken meine Augen schnell verzückt dir zu,
ich bleibe noch minutenlang hier stehn am Tatort.

Denn unentschieden bleiben würde mir entsprechen.
Gefühl rät mir: entgegensprechen dir.
Dem Einklang so entgegenkommen sei Verbrechen,
sagt der Verstand, mein eigener beginne hier.

Es war ja anfangs nicht mal eine Frage
und wär mit einem Nicken abgetan,
nur ist ein Finger jedes Ja, das ich dir sage;

ich gäbe dir ja gern den ganzen Arm,
nur dass ich dann, zu jung, zu wenig habe,
womit ich jemanden wie dich umarmen kann.

Und nicht mal das ist das Dilemma, sondern, dass
mein bisher gutes Denken divergieren würde,
ginge es auch nur eine Ecke weiter,

zum Nicken aber käm es nie. Ich wollte
hier ewig stehen, unentschieden, neben dir.
Dann fragst du. Ohne dass ich wüsste, was

wir jetzt beiseite fallen lassen haben,
ist Gleichschritt, zügig schießt die Welt vorbei,
die Ohren in einander Wort begraben,
als ob ich nie auf mich bedacht gewesen sei,

und sage, was ich nicht vorher gedacht
und hör, was du mir sagst, und in der Tat
ist es, als hättest du mit mir den Sprung gemacht:
was ich nicht denke, ist von dir kein Derivat.

7 Möwen, Kontingenz

Wär es ein Punkt, in den sie treffen
ein, wärs weg, sobald sie fliegen
aufhören, und der Fleck, der sie besessen,
verschwimmt, erhält den andern Fleck sie kriegen.

Und sag, die Möwe könnte etwas sagen,
es sei denn hier und jetzt, es sei denn Sinn
sei etwas, das nur Irre wagen, denn
so irre schwirren Wellen Flügel hin.

Nicht anders. Sage! Fliege, und sei stumm.
Wo du auch landest, spricht für dich. Es fließt
mit deinem Fliegen in der Luft herum
und landets, ist es wie egal. Du schießt
ein. Schrot findet, was du suchst und dumm
ist es, und sich in strudelnd Flüsse gießt.

Ihr Element ist Zeit, doch wo
kann man dort landen, ist es doch woanders
sofort. Und dann, wär es auch so,
wärs anders leichter. Dein Leben kann das

dann begreifen, glaubst du, wenn du tot bist,
inzwischen aber gehst du weiter. Oder transportiert
dich etwas. Und wenn du Gott bist,
weißt du nicht, was dich verwirrt.

Kontingent ist kontingent, wenn Möwen
Klingen kreuzen, streiten keine Teile
Möglichkeiten. Wenn sie sich erhöben,
erweckten uns unmöglich Welten Langeweile.
Wonach, wenn nicht nach Punkten, sollen Möwen
streben,
sie sind doch Vögel, schnelle, blöde, geile.

8 Kondensation, Beschlag

Nimm mich. Nimm mich gut. Doch nicht genug
damit, nimm andere. Nimm meinen Geist
und schlag ihn weich an einer Fensterscheibe,
schlag Kühle mein Gesicht. So dreist

leise kommt zusammen es. So kommt und fett
und rieselt, rund und so zusammen, immer
wo das o aalt, a zusammenfasst und kettet
Punkte, weinend. Wilder weinend, schlimmer

sieht er nicht, schaut Wasser, läuft dem Rest von Wind
davon zurück er träge, wenn er sieht, er rinnt.
Davor das erste, schwer, und dann als Spur
fährt lachend, zieht prost aufzulösen, fuhr-
werkt im minimalen Sinn, wie er gewinne kraft
seiner Schwäche Höhe. Wer verliert, weiß, wer es schafft.

Wenn, so er, man sieht, so er, hinunter,
drunter ein Gleiches, tränt horizontal
in Höhen lachend ohne Spur, hinunter
was weder übrigblieb. Nun mehr alleine,

konzentriert, distinkt, verloren
den alten Geist ach, Augen auf zu
schlagen weder einerseits noch bohrend
mehr erweitern Fliegenaugen keine Welt.

Er müsste hier, es müsste bleiben, sie
und undurchsichtig wegen ihm allein
den Anschlag bindend ihre Temperatur
dem Unterschied, dass sie ihn frage, und wie
kann jemand so und wie so flüchtig sein,
wenn was man ist das Durcheinander einer Scheibe nur.

9 Homologie, ich

Wär ich Roboter, ich regierte
mich, meine Gliedmaßen und die USA.
Gleichermaßen Unterschiede konturierte,
Grenzen verschmierte ich. Ich wäre da,

verschieden und geölt, die Konditionen
wären mir mehr oder weniger egal
wie alles, was so ähnlich nominal. Denn ich bin
sicher, es liegt viel an der Begründung

die heute leer ist, wenn ich schaue,
hör ich, zu schal, schmeck ich, zu dicht,
nichts geht hinein was mich anficht,
nichts riech ich, was mich anschaut, nichts, was
ich höre, schmeckt mir: alles grenzt nicht an das,
was ich erwarte, bis mir morgen selbst ich traue.

Ich wär geschmeidig, wenn mir selbst ich gliche.
So schau ich mir entsetzt in die Papiere,
die, homolog, insinuieren, dass ich sie verlor.
Dann käme, blind, ich tastend mir zwar auf die Schliche,

hätte mich aber nur getäuscht, und, um nichts klüger,
folgte ich wortlos, schläfrig meinem Bauplan.
Kein Dank, da mich der Oberflächenstreif an den Skalar
gemahnt mit seinen Runden im Aquarium. Und schlüg er

zehntausend Mal den Kopf auf dieses Glas,
auf Millionen Mal brächt es ein Automat.
Ich gleiche Automaten nicht, nicht einmal mir,
und wenn ich meiner Zunge widerspreche, spricht Verrat
die Zunge, die psittakisch mich begleitet
und mich von Zeit zu Zeit von ihrer Freiheit kosten lässt.

10 Induktion, ade

O führ mich ein, aus deinem Knie zu schließen.
Was schliefen wir per Zeit direkt wie tot.
Wieso log uns die Sanduhr zu begießen.
Dort lag dein Knie auf meinem ist es rot.

Gesehn nie richtig und, scheints, kaum berührt,
schlitterten wir drüben gestern durch den Boden.
Wie liegt der Splitter tief und wie gespürt.
Was war es weich und Schleim und nicht gelogen.

Du hast nach etwas nicht nach dir gerochen,
Partikelchen erkannte mein Organ,
Membran, was dich angeht, durchlässig

und dünn wenn nicht gar löchrig gar gefräßig
bis an die Stelle, die dir angetan
als nasse Zumutung. Als blanke, bange Wochen

in denen es regnete. Ohne nah zu sein
warst nass du, nass nass nass und mein
Schirm wurde durchlöchert schier von dir

als du nach mir gegriffen einmal, reingefallen
auf das, was meine Stimme an dir tragen knallen
wollte ich der Regen du der Hagel wir.

Was krallten wir Orkan sich in das Ohr.
Es zeigt sich nichts als in unsrer Diktion,
die nach sich für den Eindruck Saft verlor.
Strange: Resultate, schlapp: Modifiktion

wartet auf die Partikel. Deviant
erwischt dein Mund die Fieberblase Quark,
mein Schlund brüllt Schnur, brüllt insignifikant:
wer zeichnet, bleibt daneben und autark.

11 Intermission, Störung

Ich werbe mir in meinem Kopf verschwinden
von meinerseits Reklamehirn schon mürbe
dass diese oder jene Region abstürbe
kontemporär nicht logisch wiederzuerfinden

geh ich dann in die Küche auf einen Kaffee
und seh du stehst rotwangig vor dem Kühlschrank
such Milch find Haut und du mein Undank
steht alles auf er nicht du gehst ich steh

komm ich zurück, was ist passiert, da reglos
ich du wahrnehm du mich die Werbung läuft
schnippt Bilder einzufahren dich identitätlos
wo quizzikal mich eigensoglich drin ersäuft
steck ich in quizzikaler Panik das Gerät los
und losgelassen spritzt Saft über angehäuft.

Mir stehn die Haar zu Berge. Etwas fließt in mir
mitunter mir den Herzschlag unterbricht
du willst mir hilf mir unterbrich mich nicht
so sag ich, schau was du mir angedichtet.

Gerichtet war auf dich, kurzschlossen Apparat,
gerichtet war auf dich mein tausendlieber Blick.
Du Apparat enttäuschtest rosig mich Verrat,
dein flackernd Auge hielt dein billig Trick.

Nun liegst du, Bildschirm, rosig mir zu Füßen,
blickst auf, mir ins Gesicht, sagst ich und krank.
Wer lach ich ist kaputt hier lach ich du mein Undank.

Seh über dieses Flackern im Gehirn ausfließen
über den blassen Boden deinen Saft
in mir leck mich du bist mir abgeschafft.

Komparator, bei Vernunft

Ergeben viele Längen einen Grad?
Erliegen wir, uns Schritt für Schlack
sich zubegeb und Lagerung zu dritt:
du, die Vernunft und ich vermessen fad.

So lang, sagst du, als Strand, sag ich, als Zeit;
zu kurz, sagt die Vernunft, euch bei den Haaren
wärs langsam zugbereit dass du die Weite
besuchst solange reicht dein Maß an Graden.

Soweit! sag ich, so fern, sagst du und weiters
gibt auf Sekundentakt mir das Geleit
davon also per Fuß, gelackt, vermessen,
bevor noch alles fest uns anbefreit
geh schnell ich per Vernunft bevor bereut ers
und Zeit bleibt ihn da zwischen mir vergessen.

Und mehr! und mehr! So wuschen uns die Haare
bis mir ein Bart bis an die weißen Knie;
damit geschrubbt, bis Maße kringeln Jahre
worin zu graben die Vernunft mir deinen Mund verlieh.

Bis schuhbändig zerstreute ich den Strand,
so lange wär es her, das grade Ende
verklammert eingeschrieben los ich band
wie nix und unter Tiefen dir und wer sie fände,

soll unter Wasser dir dein Haar zubinden.
Als hätte meine dich Vernunft erreicht
kann Schiffe man vorüber jetzt passieren sehn,
wo früher knapp entkommen oder wilder in den
Haaren deiner Freundinnen gekentert. Bist geeicht,
so will auch ich unangehängt vorübergehn.

13 vernünftig, Komparatist

Wir hatten früher mal was miteinander.
Vor Jahren lagen wir in deinem wilden Haar.
Was half dein Lamentiern? Damals gewann der
Wille zur Reform, ein schnödes gelbes Band war

die Haaresbreite zwischen dir und mir;
die uns vertraute Zeit war schluckähnlich vorbei
als du mich batest um ein Zeichen dir
zum Anker mir zum Barfußgehen einerlei.

Am Flotsam und wie Jets, Samen verschüttend,
riet Hörenden fast gierig die Vernunft,
uns diese Zeiten weilend schon verkitten.
Von unsren Mühen wurde Strand zu Sumpf,
unmäßig wir vermaßen Glieder; mitten
in Eichung kam vor Untergang dein Rumpf.

Lag mal dein Haar an meinen Flanken,
als Faden schienen sie an deinem Rand.
Was blieb mir anders als die blanken,
die Enden der Vernunft in meiner Hand

zu ziehn? Das Band im Lösen, deine Wut
verloren, deine dünne kleine Stimme
Mehr schrie Mehr wolltest maßlos und akut
dabei schien kein Vergleichen kein Verrinnen

bis nicht begleiche deiner Stimme Fluss.
In deinem Fluten Steine Stellung wechselten
wohl ungehört von mir aus meiner Luft
und mahlte drängend zungenlieb dein nasser Kuss,
die Symmetrien zu keinem Stummel drechselten,

ich ging davon. Und sage nicht, wir hättens nicht
versucht.

Lang gehts, steht es und bricht, nicht,
üb auf drei Saiten täglich,
siehe vor dich im Dickicht,
warte und walt verderblich.

Wüsst ich, auf was ich hinauswill,
hätte ich leichter trainieren.
Hab ichs beizeiten heraus still,
werd ich bei Ton es verlieren?

Lang auf den Tisch, verbohrt,
kurz in dem Loch, verkehrt,
einmalig gelenkig widerstanden
zu macht den Kitt, hört
kurz in den Sack, wahrt
Ruhe das Flimmern in Händen.

Kuppen, das flicht, während
Seiden färbt ab, Nelken-
kühle und schwer, welken
Sensationen, schwärend

klein und erwachsen, finden sie
Unausgegorenes, lieben, schau,
Stehlen in Sanftmut drin wenn sie
stehlen davon etwas, sieben

daneben, eins drin und zwei
schieben davor hell wach unds
tropft dir entgegen, Index, hör
hin denk nicht an Saiten; sei
einseitig virtuos und profund, damit
nicht einer wüsste wie es anders wär.

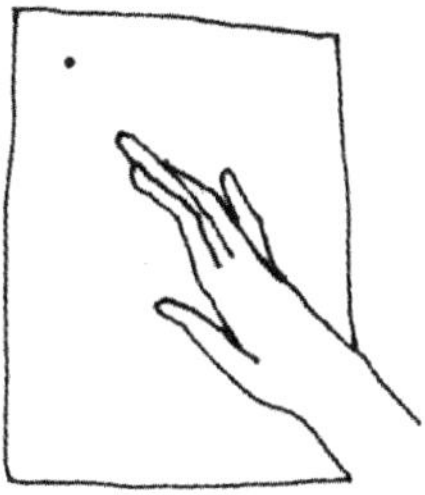

15 Elemente, Niemandsland

Als diese Sänger johlend das Gebiet verlassen,
ist unklar, was fortan damit geschieht.

Wie du es siehst, so war es nicht geschrieben
dann unter Druck zu Teilchen Bütten terrorisiert
ein Presseweiß die Schwärze um verrieben
die Augen an die Finger über das Geviert.

Bedenke Elemente, Interunferenz verwende,
verschwende deine Wörter an das Hochgefühl
das angesichts der angelegten Leichten überblickt
als wär ein Fingerdruck unter dem Hauchgewühl.
Um Würgen wickel eingefärbten Faden und verende
getrost im faden Kleinen das, was deutlich angeschickt

zu denken. Diesen Finger brauchst du morgen wieder,
den Kopf daneben wo die Tinte liegt, und zu,
nur zu mit allen Klumpen zu entwirren, Weile
genug um festzustellen was im Balken nieder-
legt sich in das Licht. Und wieder bist es du.
Als wär es keine Sache. Als wär es ungetüm. Das Geile

ist, was kaum die Wörter, eher das Papier,
das aber auch die Finger nicht erfüllt, so wie das
Surren eben gegenseits der Schwelle und so hier
wie dort Faktor das Blatt zerknüllt und nie das

Ideal erreicht, das diese Sänger mitgenommen haben
und deren Reste finden sich als Inkonsistenz
wie die Partikel umspringen und dir gaben,
warum du seither nicht ganz dichtend über konkrete
Kontinente rennst.

Er zeigte nahe vor die Lüfte ihm ins
strahlende Gesicht, bis es verlor
die Konversation. Und er verzieh ihms
weil er das Schlagen drunter auserkor.

Vermeinte er, mit Fingern bloß zu sprechen,
nahm wüster ihn der andre ins Visier;
vermeidend, Körperteile abzubrechen,
darüber jede Vorsicht wüster das Pläsir.

Im Mühen ihm das Flegeln nachzusehen
eroberten die Schlegel das Klavier
in sogenannte Herzen Indizes zu wehen,
bis an stringente Schwere er seines verlier,
Injektionen bohrend Zeigefinger einzunähen
und asymmetrisch Reue, Röte rühren hier,

was sie am leisen Flatterding verbrochen,
das vormals heiter nannte sich Organ.
Naiv? Vielleicht, doch nüchtern ausgestochen
hatte es bisher jeden urteilslosen Plan
und bis die Hinweispfeile es gestochen
hatte es niemals einen einzigen Augenblick vertan.

Hier aber hat sich alles leicht verschoben,
seitdem eindeutig Anblick innen sich verschärft.
Ein Punkt, neuralgisch, archimedisch, oben
verwaltet neue Hinweise, etwas genervt

hat Flattern längst sich in die Knie verzogen
während der Puls im Hirn sein Pulsen treibt,
Impulsen ungerecht und ungebremst gewogen,
indessen sich das Herz am Anblick reibt.

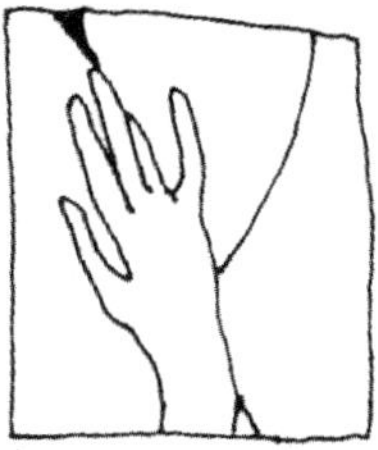

17 Lunar, unerheblich

Steig aus dem Fenster in die dunkle Luft
und leise klirrt die Scheibe hinter deinem Arm,
der Duft bewegt sich kalt um was du suchst
als bloßen Hautgedanken. Deiner Hand gelang

die Flucht schon ohne dich, dein Hirn hängt nach
und kann sich, ob es deines, meines, nicht entscheiden.
Sollte es deines sein, müssts mich bedenken.
Als meines sagt es auch schon du zu mir, so allgemein

ist seine Hitze. Persistent und klein und dumm
klammert es sich wissend an den Mond,
so blank und weißlich wie ein Bild von dir von hinten;

und ängstlich, dieses werde auch verschwinden,
nimmts schläfrig offen diese kurzen Nächte ein;
das Fenster reflektiert die Scheibe aufmerksam und
stumm.

Am Fensterbrett liegt Staub, und meine Ellenbogen
löschen kleine Kreise am Metall.
Drei Meter weiter weg beginnt das All, und da
knie ungelenkig ich, gedanklich dir verzogen:

lunar lunar lunar lunar lunar
auf diesem Glanzpunkt in den Himmel fahren
in diesem Bogen auf den Rasen ganz und gar
gefallen finden landen brechen und verknallen

Was ist damit?
                    Denn deine Fresse ist banal;
wär nicht so dumpf liquide meine Langeweile,
ich stünde nicht in Mondlichtnächten hier,

versuchend, dein umnachtetes Gesichtsquartier
für eine Phase zum Trabant zu feilen.
Wo ist es denn?
                    Ein stummes, farbloses Fanal.

18 Rational, planlos

Aufreißen reizt, den Hinterhof zu knacken,
am wunden Punkt in meiner Schädelbasis
mit Lupenblicken Fokusse entfachen,
erschaudernd Augen blinzelnde Ekphrasis.

Als Basis dienen wenige Minuten,
worin mein Mund kaum zur Bewegung fand.
Dem Mond und anderen einschlägigen Instituten
klag ich nun tippend Sätze ohne Ende.

Was auf dem Zettel vor der Tastatur
mein Kugelschreiber macht, das frag nicht mich;
der Mond kanns wissen, ich kanns bloß berechnen,

mit Augen zu und Taschenrechner nur
tipp ich wie blind auf irgendwelche Flächen.
Ja wenn ich träumen könnte, wärs wohl dein Gesicht.

Wie geh ich vor. Befürchte Rückschritte
bei jedem Schweigen. Unterließ ich etwas?
Agierte ich im vorsichtigen Schwung vermessen

und glatt vorbei am, am Ziel der Kippe,
dort für zwei Augenblicke stehn zu bleiben? Das,
Unruh einer Uhr! Gabs mal Methode, ich hab sie
vergessen.

Was hat das alles mit dem Mond zu tun?
Zum ersten Mal seit langem merk ichs am Gemüt.
Versuche zu vermeiden auf Minuten zu beruhn.
Auf was denn sonst? Die Stunde weiß, wohin das führt,

ich nicht. Und könnte spielend ichs erfahren,
ohne mich aufzuhängen an den tödlichen
Zeigern, und wärs mit einem Blick im Klaren,
noch immer würde dein Gesicht mein Denken
verunmöglichen.

19 Begriff

Darf ich den Sommertag mit dir vergleichen?
Er geht zu Ende während mein Sonett beginnt.
Sonett beginnend während Tag verrinnt,
darf ich den Sommertag mit dir vergleichen?

Die Angst, es könnte gilben und verbleichen
das Blatt, auf dem das Gold zu Blau gerinnt,
vergeht, wenn dein Profil Kontur gewinnt,
dir Wörter ähneln, Ebenbilder gleichen.

Zum Ersten ist jetzt vorerst Mai,
so ungetrübt gefiltert deine Strahlkraft
wie eine Sonne, der man noch nicht müde ist.

Zum Zweiten ist dein Haar wie Flachs, und ist
dein Mund wie Wolken, durch die Sonne kraft-
und friedestrotzend bricht, als ob es Sommer sei.

Und strahlend da wie Mittag ist dein Leib,
quadratisch wie ingeniös vermessen,
gestochen wie aus Gotteslästerung dein Auge.

Wahr und präsent, solange ich hier bleib,
und breit und warm, wie ich dabei gesessen,
schreib ich dich, während ich auf Wolken schaue.

Solange ich vertraue, sind die Tage hier,
Verlangen ich implementier, verbaue Schweigen.
An Orten fehlts dir nicht, mir nicht an Wegen,
die Stellen deiner Haut zu stillen auf Papier.

Und solltest du ver- oder auch nur gehen,
dank dieser Eselsbrücke weiß ich, wie du bist.
Künftige Generationen werden dich in etwa sehen
und ich werd immer wissen, wie ein Sommertag ist.

Ein leichtes Plastikauge filmt dein Zimmer,
um Haut zu sehen ist Fleisch und Blut zu schwer.
Hinter der Optik wird mein Nerv beständig dünner,
mein graues Material zur Plastik. Ich begehr

nichts als nen Blick, der sich bewegen kann,
nichts als was viele an dir sehen, ohne
sich umzudrehen. Flackerts dann und wann
am Bildschirm, denk ich, du manipulierst die Zone

damit ich dich nicht sehe, wenn du schläfst
im Körper, den ich kenne, aber der verblasst,
mit deiner Freundin. Aber als du schliefst,
dicht neben mir, in deinem Schlafen eingefasst,
sah ich dich auch nicht: knapp, dringend und scharf
hab ich mit Augen schnappend dich verpasst.

Manipulierst geborgtes Plastik denn, vermeidend
die dünnen Kabel meiner Fantasie,
imaginäres Auge, weilend dich beweidend,
sehnend benebelt die Imagines: wie
du morgens deine Brille nahmst, um schneidend
mich anzusehen, und wie mit einem Knie

du lehntest vor dem Bildschirm, standst am Schreibtisch,
um die defekten Wiederholungen zu stoppen:
dein Laptop klickte leise, während wir vermischten
Saft, Suff, Reim, Sein und Schleim. Er sah uns unterhalten

uns unter uns, und auf uns Schweiß und Licht
und Luft mit Atem, Blicke mit geschlossenen
Fingern. Und im Surren sagt der Laptop: Lust ist blind,
Sehnsucht ist sehend mit Gewissheit den Verflossenen.

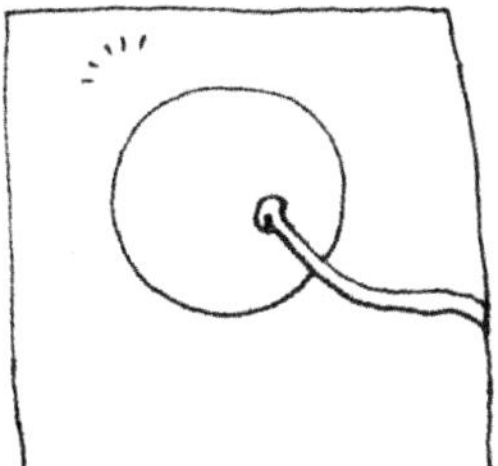

21 Er sagt, er finde die Bezeichnung fragwürdig

Wenn glänzend Ihre Haut   von meiner sich getrennt,
und träumerisch Ihr Mund im Schlaf noch Wörter kennt,
und schlafend Ihre Schultern   das Laken neben mir
zur Unterlage sich   für diese Nacht gefunden;

wenn tickend sich die Uhr um Nachtes Stunden wälzt
und schlafend sich Ihr Ohr   in meine Augen brennt
und träumend Ihre Hand   sich findet über meiner,
die schlafend meinen Traum dicht unters Denken lenkt,

so denk ich wohl an dich,   unausgegorenes Gedicht,
und weiß nicht, wie du stehen wirst, doch sehe Ihr Gesicht,
aus dem noch halb im Ruhen die Konstruktion ausbricht

und sehe Ihre Schläfe,   auf der das Licht sich spielt
beobachte Ihr Atmen,   indessen atm ich nicht:
erwart aus Ihren Zügen   etwas von Gewicht,–

Denn das Gewicht der Welt   verwickelt Ihre Brust.
Im Halbdunkel erklingen   gelinde Ihre Rippen.

Im übersprungnen Zug   hätt ich Sie fast geküsst,
doch still: denn meine Muse   bewegt die Lippen.

Sie fragen mich, ob ich   die Augen nicht geschlossen.
Ich schließe sie sofort   und sag: Ich schlafe ja.
Sie fragen mich, wie mir   sekundenweis verflossen
die seitenweise Zeit.   Ich sag Ihnen, ich muss

mir Muße auszuliegen,   die Augen offenhalten,
Ihr Denken abzukriegen,   im Halbdunkel verwalten,
beschattet infrarot,   Entwicklung der Gedanken:

So lange blenden lassen,   bis Eindruck Wörter misst;
bis dieser Mist, vermessen,   aufs Ausatmen vergisst:
Und frage meine Muse,   was eine Muse ist.

Aporie, populär

In Witzen wohnte ich und in Milchkaffee.
Da streckten zwei Gelächter die Köpfe raus.
Verstand das als Erfolg. Erzählte noch was.
In meinem Kopf entstand eine ganze Bar.

Betreuer! Breit ne Decke drüber und sag allen,
ich würde schlafen.   Da störten zwei Gefälle meine
Phantasie. (Da braucht es schon zwei Gefälle.)
Ich wollte mir so etwas nicht gefallen lassen.

»Hört mir mal zu, Gefälle: Ich mag euch beide nicht.
Ich kann nur augenblicklich nicht nach Hause gehen,
aus Gründen, die euch einleuchten werden.
                                        Heimleuchten.
Versteht ihr? Tut mir einen Gefallen, lasst mich sein.
Denn keiner eurer Münder ist ne Alternative
und nichts von euren Haaren kommt in Frage.

Drum seid so lieb und schleichts euch,
                                                    oder lasst mich raus.«
Doch jeder weiß, die Typen
                                        an einer Bar sind immer Götter,
Lemuren, Furien und, wenn man Glück hat, Putten.
Genug zu sagen, ich kam nie mehr raus.

Den Abend nicht, den nächsten nicht, und am dritten
bot man mir einen Seelenhandel an, oder Armringen.
Und ich verlor im Armringen gegen Sisyphus.
Sisyphus war sehr nett, er zeigte mir die Kammer,

wo ich, was ich für Leben hielt, fortführen könne:
ein Bett, ein Stuhl, ein Tisch und eine Boxmaschine,
der musste ich beständig Witze erzählen
und waren sie gut, bekam ich eine in die Fresse,
und waren sie schlecht, dann spielte sie Musik,
Lou Reed und Frank Sinatra, Emmylou Harris und
Björk.

23 Stilett, am Boden

Zermürbt unter der Ferse deiner Locken,
die zwar entfernt, doch umso härter drücken,
zerspant, zertrümmert, aufgekratzt, zerbrochen,
erwartet dich mein Aug nur mehr in kleinen Stücken.

Wie warst du schön, als ich dich ficken wollte!
Wie war das Hellbraun deiner Logorrhöe egal!
Wie durch Insektenlupen monstrisiert Revolte
konvexe Konvulsionen, im Kommemorisiern zumal.

Für meine Dichtung bist du null.
(und alles, jede Null hat noch ein Guckloch)
Fest steht, ich fall alleine auseinander.
Klaube mitnichten in der Stunde Müll,
kaputten Teils verrichtend meines Stifts Gebrauch.
Lieg fest am Boden, wo mich fand,

erfand und unterfing ich als Verschreibmaschine.
Denn alle Assonanzen sind Symptome
belegter Zungen, die, zerfressen von der
Sehnsucht, eine Flussrichtung der Ströme

zu treffen mit den Enden ihrer Worte
Beistriche Hypotaxen Quengeleien,
der Qual des Hingeklatschtseins an den Ort, dem sie
exemplifizierend ins Gesicht geschmiert: seien

sie meine oder deine: halt den Mund!
Ein Absatz, der auf deinem Fuß beruht, ist Schund!
Wie recht du hast: ich brauche keine Muse nicht!
Um hart zu dichten, fang ich an beim Grind,
der meinen Kopf belagert, wo die Unterschiede sind,
die Schichten im Schädel, wo das Licht mir schadet.

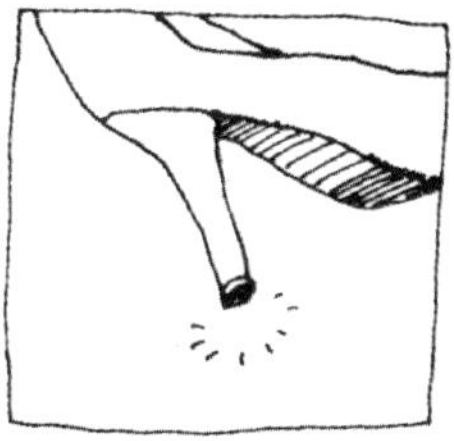

Muss die Freiheit grenzenlos sein,
um diesen Wind zu spüren,
der richtungslos durch Feld und Rain
und wieder zurück mir blöde Lieder brüllt?

Um meinen Hort der Einsamkeit
pfeift die Zeit vergnüglich zwischen den Zähnen
ein sarkastisches Medley über Zweisamkeit,
nicht ohne Anlass und mit Tränen.

Denn die Liebe ist schön wie Jerusalem,
aber ich Esel find den Weg nicht dahin,
scharr, schiel, bau Festungen im Sand;
zwischen einem Stein und einer harten Stelle
kratz ich mir am Kopf: skandiert die Grille
gellend dieses Medley, das mir altbekannt.

Wem soll ich berichten, dass ich vermute,
im Kreis zu gehen? Wer soll mich korrigieren?
Es ist so weit, und es belastet mein Gemüt,
durch viele Meilen mit der Art von Durst kooperieren,

die eintrifft, wenn man vor der Quelle steht,
sich aufrichtet und sichtunsicher innehält,
bis nicht mehr nur der Kopf sich irre dreht.
Dann kappt die Hand den Hahn. Es schellt

das Wasser in ein Becken, dessen Lärmen
den Staub aus deinen Ohren spült. Du trinkst,
tunkst Bissen, Schlucke; deine Backen wärmen
das fremde Kalt, die Nase zu: du sinkst
ganz wie der Zahn der Zeit in seinem Schwärmen,
wenn zwischen Wüsten du mit klarem Wasser ringst.

25 Logorrhöe, Liebe

Was aus seinem Mund
kommt sind Tasten, Flöcke
für mich und
was ich damit anfinge auszurasten

die Zunge auf den Gaumen legen
seinen? meinen?
die Augen leider verlegen lügen
und scheinen

zu sagen, was mir angemessen ihn
erschafft an Stellen die bereits verlassen
Fadesse betreffend Flinten scheißen in
Finten, die, ihren Verschleiß verbrauchend, fressen

die Augen, die in
obskuren Schächten residieren,
schlecht und perfid
rumbohrn, gelangweilt derilieren –

was Traum! wir beide
sind, schräg beleuchtet, wach und sprechen
selbst uns zuleide
ich ihm zuliebe Zigaretten Lanzen brechend:

Was mich verlässt, tut das allein für dich,
doch was du sagtest, hab ich ganz vergessen,
so du nur den Mund bewegst, dann sprich
doch, du, von dessen Lippen ich besessen

mein Wort vergess, das auf der Zunge liegt,
den Satz vergess, der mir im Mund versiegt,
die Zung vergess, die ja so naheliegt,
weil uns bewegend nichts und wieder nichts und nichts
jemals den Redeschwall besiegt.

Was Finger überbrücken, klappern Tasten
zusammen, was Einsicht bricht auf,
verlässt die Sucht schon ziemlich angefressen
und schickt ihm Bilder, um den toten Lauf

zu stoppen. Clerasil auf seiner Bahn
liest die Fahrt hindurch in seinen Flüssen
mit käsigem Gesicht, das detoniert von Küssen,
heißen Versüßungen und reflektierten Schaden

an der Erinnerung, von deren weißen Flecken
jeglicher Abendhimmel aufgelöst zu sein
hat. Um dies Erleben neu zu checken,
bricht kontrollierend Fingerspitzentakt herein,
unpassend, spekulativ und zum Verrecken
unwiderlegbar, einmal abgeschickt. Und kein

bisou erhellt die Fläche, nichts als nur *regards*,
stumm, höflich, eingesessen. Nichts dagegen
zu sagen wagen kreisende *remords*:
Wie soll man Mondes Andenken belegen,

wenn Null wie Eins verlieren *credibility*,
im Schwinden ihr *crescent* die Augen schaukelt,
wenn zwischen Eins und Null der Wille die
blutige Ohnmacht küsst, und die Einstellung wackelt,

so dass sein Antlitz kaum noch zu erkennen.
Die Stelle wohl, verschwommen seine Spur,
die, eingebrannt, spektral und einweg nur
entsprechend Leseköpfen, die verrennen
im Schlittern andrer Leute den Kopierschutz?!

Macht nichts, solang Vergessen ihm sVisier putzt.

27 Gedanken kubital

Als wär ein Eck in meinem Denkvermögen
oder ein Leck im Rohr von Hirn zu Kopf:
als zapfte etwas illegal am Nervenzopf,
verworren flechtend die Dendriten flögen

umher wie Fliegen, die erst fliegen lernen
und ungelenkig die Synapsen spannen, dann
ecken beim Schwirren an den Wänden an,
denken mit Beulen torkelnd dran, sich zu entfernen …

Geht nur, Gedanken, geht, ihr seid ja frei
wie Gelsen, ich so klug wie nie zuvor:
nach Gelsen schlagend hau ich mich aufs Ohr
und gellend, lachend schlag ich Kopf zu Brei,
richt wie Sebastian den Blick empor,
entzückt verblutend, ich und schreie: *more!*

Man muss die Position sich hart erkämpfen,
nachdem die Blicke, einem zugeworfen,
bestätigen, es wird einem geholfen,
solange man bereit, selbst in den Boden sich zu stampfen,

sobald die Blicke abgezogen. Offen steht,
schlecht sitzend, Erbsen schleudernd, beinah alles.
Und federnd wie das Rückgrat einer Fliegenklatsche
verrät es Unbefugten das Geschehen. Ach, bezahls!

Ich rück nicht ab von dieser Stelle, nie
(bestätigt glockenhell das der Dendritenchor),
weil dies die Stelle, wo ich mein Gehirn verlor,
weil irgend schönes Arschgesicht mich auserkor:
drückt, ausnützend mein Augenlicht, mich, vor
den Kopf zu stoßen, anblicksmäßig in die Knie.

Ich singe heute von der Ausbuchtung,
fange schon früh unter der Dusche an,
richte die Augen auf die Duschkopfhalterung,
schluck brausende Bulgen, fang zu weinen an.

Wie eine Zelle konzentriert mein Geist
gallertig seine Masse zu den Tränen hin,
wo, dichter als das Wasser sich von Wangen schmeißt,
mir auf die Lippen beiß, dass ich am Weinen bin –

Ich singe lauter von der Ausbuchtung,
mein Geist flieht, auf Osmose aus, den Hinterkopf.
Mein Singen übersteuert längst die Waschmaschine,
in Lautstärke das Wasser mir vom Munde tropft,
unglücklich schleudert gallig fort das Schluchzen
und Wasser schluckend ich auf meine Brüste schiele.

Verstumme lachend vor den Ausbuchtungen,
die, konzentriert, gallertig, als ein Teil von mir
bezeichenbar, verändern ihre Ausrichtungen
nach Hitze, Kälte, Nässe. Als ein Tier

könnt ich mich konvulsiv hinausbefördern,
die Grenzen singend pushte ich auf allen Vieren.
Aber mein Geist findet das Tierische so abtörnend,
viel mehr dran intressiert, Natürlichkeit zu kultivieren,

als atavistische Monstrositäten
ins geistige Auge eingedrückt zu kriegen,
wo man nicht weiß, ob sie sich etwa später
als Krankheit, mit Natur nur zu besiegen,
herausstellen, oder affektierte Selbsttäter
beim Duschen grundlos ihre Ausbuchtungen wiegen.

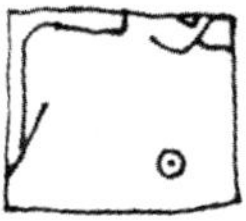

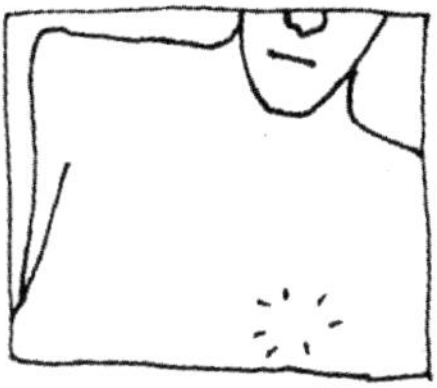

29 Fahrtwind, regressiv

O Fahrtwind, fahre fort, mich zum Verschwinden
zu bringen, meine Autorschaft zu reduzieren.
Ich liebs, wenn deine Finger sich
in meinem Haar befinden,
ich liebs, wenn deine Zunge pfeift mir um die Nieren.

Könnt auf dem Fahrrad rückwärts räsonieren,
mein Denken käme zweifellos in Fahrt.
Nicht auszuschließen ist, es könnte was passieren,
doch nichts Bestimmtes, dazu denke ich zu hart.

Ich möchte bloß einmal zurückverfolgen,
woher das Tempo kommt, das mich voran
treibt mit den Fingern brennend an den Felgen,
verweilend blind im Brand des Saus und Braus,
indes verschwimmt Abstraktes in Gefilden,
die, stehend, wohl Gefallen finden würden. Aus.

Denn mich betrifft an allem nur die Theorie,
das Unsichtbare, das aus Konstruktionen schimmert,
lockt mich in sein Gewinnendes. Ich bin, wie
ein Pferd, das man von hinten aufgezäumt,
nicht kümmert,

wen seine Herren reiten, da alleine eines
es weiß: dass was nicht stimmt mit seiner Richtung
und auch das Tempo zieht nicht mit, für reines,
abstraktes Denken offner als für Dichtung.

Es stören weniger mich da die Reime,
die hat ein guter Dichter an der kurzen Leine.
Mich störn auch nicht die drängelnden Metaphern,
man darf sie nur nicht alle über einen Sattel kehren.
Doch was mir an der Poesie bereitet Schmerzen
ist, wenn bei Windstille auf langem Vers
man hört das Räsonieren knarzen.

Bluff, nahe

Am Erker in seinem Gesicht herumzuwandern –
doch ist – *rush! more!* – das hier kein häusliches Gefilde,
nicht monumental, doch nahe. Keinem andern –
foot! hold! – die kleinen Schritte anvertrauen, wilde

Blicke wagen, schwindeln sich um Vertigo:
Es gilt, dem Felsen zweifellos zu zeigen,
man wisse, was man tut; invers,
der Todesmut ist radikalen Bluffexperten eigen.

Wir blicken ohne Scheu in diese Tümpel,
in deren Schlamm sich Blicke erst formieren,
und notfalls klettern wir auf allen Vieren
die Wange hoch, um über einen Rand zu schauen
durch schlankes Ebenholzgestrüpp. Die Augen
verlieren angesichts des Elfenbeins den Dünkel,

das, was vor ihnen ist, deutlich zu sehen
und sehen zwischen Händen haptisch gut im dunklen
Raum, der als vorschnelle Dämmerung verwehen
kann, um aus dem All da draußen, wo sie werkeln,

die fremden Sonnen funkelnd an den Fels zu lassen.
Und alles glänzt, als wärs ein neuer Tag.
Doch vor uns bäumt sich auf, lässt sich begaffen
als dünne Felsenkruste, was dahinter denken mag:

Ich bluff, du bluffst, er blufft, wir lieben
die Nähe zu den Winkeln der Fassade,
in denen Texte lesen, die, das Eigene
vergessend, rein beschäftigen sich mit Pomade,
Mascara, Lippenstift, etwas verrieben;
im Blick einhakend, aufblickend: Kaskade.

Ob Mann, ob Frau, sie liegen über Hügeln,
short of amorph, in diesen Versionen
der Dunkelheit, im Schatten ihrer Flügel.
So rasten Tauben am Asphalt, und wohnen

am Asphalt und schonen sich. Ner Fantasie
möchts einfallen, sie wiederzuerkennen
an Formen ihres Schlafs. Indessen nie
und nimmer mehr als sie zu nennen

Vertraute für den Lidschlag einer Nacht,
wie auch, denn immer ziehen sie vorbei.
Wenn Dunkel Freude kennt, dann lacht
Nacht im Vorbeiziehn: scheut Geschlecht
vorerst die Freude, bloß erwacht
aus Langstreckenschlaf beim Wort, es sei

der Grund am Ende dieser Reise da.
Mit einem Satz des Schlafes Boden
entzogen, setzen Füße zögerlich und weise
erst einmal keinen Fuß auf derart trügerische Wogen,

die eben noch vor Stunden noch zuvor
Bekanntheit vorgetäuscht. In deren Wahn
man lullte fahrend sich und halb erkor
sich zur Mätresse, die zu diesem Land

Zutritt besitzt, und seis nur mit dem Auge
mutierend Formen, mutwillig interpretierend,
verbindend die Erhebungen verliebt und vage,
in Dünen anderer Gestalt, zusehend verlierend
den Halt, *whatever*, immer weiter, während
als *queer*, ob hier, ob fort, es immer weiter flöge.

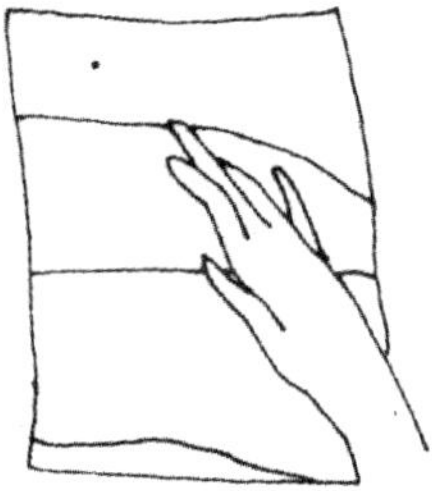

Als gegen acht du anfängst, deinen Kerzen,
wie Augenblicke klein auf fernen Bergeshöhen,
das Alphabet zu lecken, Zitterwarzen
erkennend, ohne Reihenfolge, »einfach schön«,

und ich entlang der Kante des Bewusstseins
erblick die Kerzen schmunzelnd flackern im Genick
und manövrier bisslos Gesichtsverlust; mein
Zweifel an Bewegung, zynisch filternd dein Geschick,

fällt staunend lahm
                    bei den bekannten Worten deiner Finger.
Bin nur Papier und lausche, was du sagst?
Vorweggefallen, ohne die Entgegnung
zurückzunehmen, mittelt es Benebelung,
es ist, als redetest im All du mit dir selbst:
»A: Mensch. B: anders. Hört mich wer?« verklingt es.

Und liegen in dem All, das uns umgibt,
Polsterbezug, im Gegenzug der kleinen Feuer.
Wenn uns das Ziel verdriftet, kippt
das Stieben aus der Zeit. Geheuer

ists nicht und es verklebt mir meine Lider,
bin kaum mehr ich, erwacht aus diesem Meer,
rufend: »Ich bin Houdini! Sprengt die Mieder!«
Ich sprengt sie längst. Mit dir. Ein neues Idiom muss her,

ein Meta-in-Bewegung-Sein, ein Springen
von bloß Impulsen, um über Synapsenleichen
zu legen sich und saugen uns ans Vakuum.
Kein schwarzes Loch kennt unsre Spiele. Weichen
muss es unsren Zungenschlägen: stumm
die Schräge überlistend hält sich unser Ziel an Wangen
auf.

33 Extension, Ekstase

Klick. Wo begann zu drehen es
sich zeigte an den Ufern so
den Fluss an. Anorganisch lumenesk,
bloß an der Oberfläche Wüten, wo

wütete und unerreichbar schrill
sich drehte und das Licht, zerstieb,
zerdröselte, und darum, wo ich lachen will,
zu laben Ufern anfing, hell und lieb.

Und so von Augen angefangen,
Mund, ah, kapiert nix, in ihm
befinden Haare sich und ringen
mit Zungen um der Blicke Augenmerk,
anfangend, heischend Blicke? Nix da. Wenn
es gilt, durch Extension Ekstase zu erlangen,

muss stehen jeder Satz und schaun,
erweitern Horizont sich aus zu Boden
für wüste Expansionsgedanken,
die sich um kleine, beispielsweise weiße Steine ranken.
Hat Auge dann an dieser Spiegelung zu kaun,
an Lichtreflexen, die an Oberflächen toben

und sagen, was zu repetieren nie
von Zungen geht. So, Lungen, steht
still und seht, wies dabei geht
zu Kopfe eurem, ja, Klienten. Wie

da hecheln graue Zellen den Entsprechungen
nach, die eure Reime hier besuchen
und Reize suchen. Hey, wollt ihr was unternehmen?
Atmet doch glänzendes Wasser, Lungen!

Schlaf ist ein Püppchen, zu klein für den Arm,
doch ständig willst du drin verschwinden.
Das Tageslicht drückt deine Augen zu mir:
du willst es, aber kannsts nicht verwinden.

Ei das Leben ist hell wie ein Lichthof um sechs
und die Wand kann den Überdruss hindern
und wie Luft ist es klar, dass dein Herz übergeht
doch wie redet man davon zu Kindern?

Gute Nacht, leg den Kopf auf den Walzertakt hin
und gib mir noch nen Kuss auf die Schläfe,
zieh das Hemd aus, mein Kind, nennen wirs einen Tag,
auch wenns draußen noch nicht so recht schwarz
werden mag
und die Katzen und Tauben auf Abendmausjagd
nicht genug kriegen, spürst du die Schärfe?

Ach das Herz ist mir schwer, weil der Abend so leicht
ohne Anmaßung schleicht sich ins Ohr.
Ach du sag nur ein Wort, drück die Augen mir zu.
Wenn Katrinka schläft, schleichen wir sanft aus dem Tor

und traurig wie Parzen, mit knarzenden Sohlen
(Der Walzer im Lichthof ist stumm wie ein Molch)
holst du leise den Whiskey bei uns aus dem Kühlschrank
und alles wird doppelt und leicht diese Nacht

und wenn wir nichts mehr sehen und stehen wie Toren
im Licht von den Fenstern der Nachbarn, die lesen,
und der Walzer das ist, was im Kopf sich uns dreht,

dann denk an Katrinka, die träumt ungeschoren,
ja denk an Katrinka, die grad erst geboren,
am Meer unsrer Tränen schwimmt sicher ihr Boot.

35 Equilibrium And Stop Motion On A Trick Bike

Gezieltes Bremsen kann dieses Verharren –
verlängern? Nur ein bisschen. Wiederholen? Eher.
Und Wiederholen brauchts, bis das Manöver
die Zuverlässigkeit vergrößert. Deutlich ist,

dass bei den ersten paar tausend Versuchen
der Rahmen hängenbleibt oder die Bank
zerstört wird. Faktum ist, du hättest Grund
dieses Verfahren sinnlos oder für schwankend

zu halten, wär nicht das Probieren
oder das Atemholen zwischendurch
oder das Aufblicken im richtigen Moment
im eigentlichen Sinne das Vergnügen;
wie auch die ganzen zähen Stehversuche,
imperfekt, nicht Anfang noch Ende kennen.

Denn du bist ständig mitten im Versieren,
immer daraufhin kriegst du erst den Dreh raus.
Es machen lauter Tricks den großen Schmäh aus,
deren genauen Kenntnisse, Vorsicht!, sich ballen, zieren

in Übergangsmomenten, in der Schwebe
zwischen dem Sinn und dem, was er bedeutet:
Wortlos verbleibst du irrend auf der Kante
und nur mit Worten spinnst präzis bescheuert.

Es dreht sich, wie in Filmen sich die Räder,
dass, wenn du glaubst, dass alles regrediert,
du näherst dich beständig einer, äh, stehenden Wendung.
Nur: stehend ist in diesem Krachen relativ
wie alles, was auf sich selber beruht eher
als auszurutschen auf der Augenblicke Chic.

Ich sprech für dich, lass gut sein.
Lass gut sein, sag ich. Sei
beruhigt, sage ich, ich formuliere,
da können, wenn ich fertig bin, wir beide rein.

Das Dichten, sagst du, macht dich schrecklich müde.
Das Ich-Sagen erschöpft mich mehr, sag ich.
Breit doch dein Wir aus, du, das meint uns beide,
und dann machen wir Picknick drauf. Wirklich,

ich bring das Wort nur schwer über die Zähne
hinaus, sie schlagen hart gegeneinander,
wenn du mich meinst, ich dich und Grinsen
allein kann in ne Harmonie uns schwemmen,
wir fragen: wollen wir? Du sagst: Ich schon.
Du auch? Während ich mich an deine Zähne lehne.

Schenk ein! *Merum* schlägt dich und mich
über den ganzen Nachmittag in
den Tannin, das schwere, rötlich
schwarze Kleid der, ja, Verwechselungen.

Anstoßen, bis wir weder aus noch ein,
nur schwirrend wissen von den Buchstaben
zu schließen mehr, wessen Initialen
wir nun tatsächlich in die Buche graben

mit meinem Messer. Deines ist zu klein
und klappt zurück, wenn man den Winkel falsch
berechnet. Bin dabei zu ritzen »DU«,
als du dein Werk mir zeigst: du ritztest »ELVIS«.

Okay, wir machen Fehler. Doch es lacht
ob unsrer Anstalten das blanke Sein.

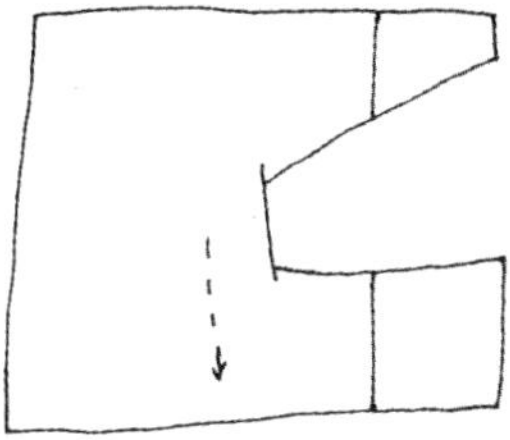

37 Sirenen im Zeitalter ihrer technischen Reproduzierbarkeit

Gegen die Schönheit wettern, das steht mir an
als Mädchen,
die Eindrücke zerschmettern und werfen aus der Bahn
den Menschen, der mich schrecken kann
mit seiner Schönheit.
Mag ich die Zähne blecken, als Spannerin, den Rädchen

der Anblicke mit Biss, sie lassen mich nicht los,
wenn fesselt mich ein Wort dazu noch an den Mann:
vom Maß los, hab ich Schiss, und doch bleibe ich dort
gestrandet auf dem Floß in meiner Augen Wahn.

Du liebes Kind, komm her und mach kein Licht.
Wo bist du? Da! Die Zähne sieht man nicht
im Dunklen, spürt nur, wie sie durch die Schichten
sich bohren. Glaubst mir jetzt, du? Nein mitnichten!
Ich seh nur dunkelgrau wattiert dich. Wo
ist dein Gesicht? Kann man das nachbelichten? So.

Zuhaus in meinem Zimmer druck ruckelnd ich ihn aus.
Der Drucker ruckelt Streifen, abwechselnd rot und blau
fällt aus. So geht es immer, wenn ich meine Version
mit Augen möchte greifen. Ist wohl ne Schutzfunktion.

Doch ich besitz ne Brille, ne Brille aus Karton
mit rot und blauen Linsen, damit sieht man 3D!
Verschoben zu nem Grinsen die Augen mir: ich seh
den Knaben, dessen schrille Schönheit ich mir geklont.

Bist ohne Stimme nicht mehr so betörend,
doch schön genug, dass mein Vergnügen, glued
to your portrait, oft bemüht Erinnerung:
Damals im Dunklen wie die Stimme, störend
die Ruhe deines Anblicks, so mir blüht
der Abdruck deiner Worte in der Dimmung.

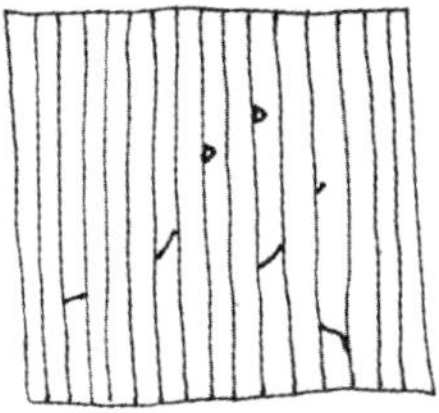

Redemption, isn't that a tender word,
sagst du, es birgt das »p« noch alle Hoffnungen:
Ein Konsonant, berührt, wird zart und hart,
links durch das Verb, rechts von der Abstraktion

erweckt, erzeugt, stemmt es mit Pepp sein Lied
like a mattress balances on a bottle of wine
und kennt die Welt nicht. Nein, nicht im Geringsten.
Das Wort bleibt im Lied daheim.

Du schenktest mir ein Stückchen reinen Wein ein,
wir rauchten viel zu viel und sprachen wenig.
Alleine rauch ich nie so viel, gestandst du
und batest mich: hol doch von mir mehr Wein!
Ich stöberte ne Weile in den Kästen
und kam hinkend zurück und goss dir deinen Wein ein.

Wir sind zu höflich für Revolution. Wir stochern
scharfklingend, weich kommend in Andeutungen,
kaum ist hiervon einem von uns ein ganzer
Satz gelungen. Und gesungen klingt es besser,

während wir das zu zweit halt zelebrieren
mit ein-Fuß-vor und zwei-Schritte-zurück-
schrecken, wenn anecken-mit-Füßen, zieren
und ziehen uns mit Worten, Kippen, Blicken

und lieben dieses Lied. Denn was wir können
ist Lieder wählen, was wir möchten, nicht?
Um nachts dahin zu kommen, wo wir wollen,
muss über Schwellen ungeschickterweise
geschritten, müssen Gürtel überwunden werden.
Das – rette mich! – sind Gesten. Dazu sind wir angehalten.

39 *Voice over* Daniel Johnston

My voice is a little horse
running into the deep woods

Da brachten sie mich an das salzge Meer.
Ich hatte scheinbar mich zuviel beschwert,
zu oft beschwatzt die schweigsamen Tyrannen,
da brachten sie mich an das salzge Meer.

Nun lags an mir allein, mich zu vertiefen,
den Krebsen bei der Anlage der Gänge
zuschauen, Sand verschiebend. Liefen
wie süße Irrtümer. Gesetzt ich ginge

zurück, von wo die Pferde mich verstoßen,
und stieß mit Fäusten an die Tür, und die
Fassade bräche ein: Ich sähe die Tyrannen,
wie schweigsam säßen sie auf kalten Steinen,
beständig nierenkrank; mit bloßen
Füßen schliffen sie im Sand. Liefe wie

Scherze ihnen Krätze aus den Augen.
Das macht die Wahrheit, sagen die Tyrannen,
das sind zwei Sonnen, eine heller als die andere.
Wenn das wahr ist, fress meinen Hut ich, sage ich. Und
ging von dannen.

Kam alsbald in ein Wäldchen, wo der Fuß-
tritt leiser wurd und es in Nadeln knirschte.
Es roch gut und das Harz duftete süß.
Schlenkerig denken labte mich, ich pirschte.

Und pirschte, schlenkrig denkend an das Einhorn,
ganz ohne Willkür, grinsend auch an meinen »Schoß«;
in Wahrheit dachte ich: Das fehlt mir bloß!
Verfolgte nichts, spazierte nur herum,
dachte im Kreis, halbherzig lichtwärts
schnaubend, bis mir das zu dumm.
Hätt nie gedacht, dass dieses Tier von hinten mich
erkorn.

From the deep woods emerging,
my voice coughs twigs and sticks

Im Urwald, wo die wilden Wörter wohnen,
befand ich mich, als ich das Einhorn ritt.
Ich sah, wie ich dort bleiben hätte können,
verlangsamte jedoch um nichts den Schritt.

Es war ein leises Raunen in den Bäumen
und wie ich auch verquickt die Ohren spitzte,
verstand ich doch kein Wort. Die Wege säumen
Unwege, die das Einhorn einst für andere ritzte.

Und im Vorbeigetragenwerden flogen
Waldöffnungen und Wege, Lichtungen,
an denen jemand mal gelagert hatte,
vorbei. Ich hätte wohl nicht sagen können,
warum Unheil vom Stehenbleiben mir zu drohen
schien. Wir rannten lieber schnell im Schatten

der Blätter, deren Wechselhaftigkeiten
genau das schien, was ich vom Wäldchen hoffte;
mit mir hatte das allerdings nur dann zu schaffen,
wenn Schatten sich auf mein Entgleiten legten.

So rannten wir recht fleißig hin und her
und machten Spuren in das feuchte Laub.
Das Knistern, das verging sehr bald,
wir aber kehrten um und machten mehr.

An den Tyrannen liefen wir vorbei,
lachten von fern ihre Kamine aus,
stahlen die Äpfel ihren Augen, als sie schliefen,
und bissen, dass der Saft nur spritzte, rein.
Davon bekam das Einhorn Kolik. Riefen
den Arzt. Dem zogs die Ohren kraus.

»Dass glänzend Wahrheiten euch nicht behagen,
braucht man euch doch in diesem Alter nicht mehr sagen.
Knackige Formulierungen verdrehen euch den Magen,
knackt lieber Zweige, Codes und Rätselfragen!«

Mit Zweigen spielte ich, bis mir die Stücke,
zu klein geworden, durch die Finger fielen.
Ich wagte kaum jemals, auf Codes zu schielen.
Als mich das Einhorn fragt, was mich bedrücke,

sag ich, ich muss jetzt weiter, liebes Einhorn,
in diesem Wäldchen komm ich niemals auf den Punkt.
Ich küss es auf die Schnauze, geh davon.
Richtung zurück, doch ohne Eile. Zwar ist schon
weit hinter mir das Ziel verschwunden;
ich hoffe nur, du schläfst noch unterm Baum da vorn.

41 Gesten, züngelnd

Am Küsschen brennt die Wange, tongue in cheek,
die Gesten gestern haben mich zerschlissen.
Was wollen, immer. Und von diesem Wollen
wissen wir: es siegt oder versiegt.

Sitz ich verwitzt und denk an deine Zunge.
Du zündest dir derweil ne Zigarette an
und gliederst mit den Stimmbändern den Rauch.
Er kichert still, am Boden angekommen meiner Lunge.

Und wär es Morse, wärs galant binär,
ich weiß genau, auch dann verstünden
wir zwei uns ungenau. Denn mit den Händen
sprechen wir erst in einer Programmier-
sprache, täppisch lallend, mit den Fingern
digital zwar, aber letztlich ahnungslos.

Und doch schwappt alles, was du tust, zu mir
hinüber, kratzt an mein Begriffsvermögen.
Wenn sie nur besser lesen könnten, dann bezögen
die Kombinationen hier Gestalt, ihr Wissen wäre

dir aus den Fingern rasch zu saugen, bis
das Röcheln sagt, dass hier nichts mehr zu holen ist:
das Rascheln einer Decke, ja, die Stimme eines Betts,
wenn drin versinkt die letzte müde Geste

und zwischen einnickenden Atemzügen
trennen sich unsere Wege, ohne Abschiedsgruß
tragen uns folgerichtig unsere Locken in die Träume.
Das sind beileibe keine gestenfreien Räume,
doch was wir kennen, bildet hier die Grenzen unserer
Codes.
Ich halte dich in Armen, als sich die Hypothesen lösen.

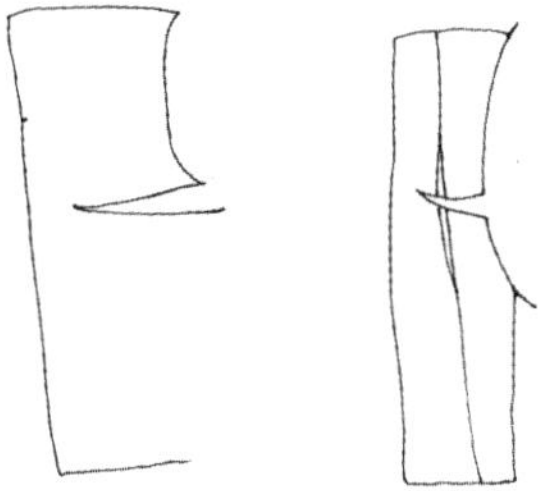

Er geht beim Gehen ihr im Augenwinkel,
versteckt im Wald sich hinter allen Bäumen,
ist an jeder Bildsäule gerade pinkeln.
Weil er wo wohnt, möchte sie keinen Ort versäumen.

Es ist schon richtig alles zu verwechseln:
Sehnsucht ist ein ununterscheidbares Gewäsch
und mal zum Dichten nützlich, mal, um frisch
teleologisch Ausflüchte zu drechseln.

Sirenen brennen sich in Ohren ein,
ihr Tonfall appliziert sich auf den Hall,
aus anderen Stimmen bricht eins seiner Wörter aus,
bis das Gedächtnis resoniert von dem Krawall.
Doch auch, wenn alles vom akustischen Geritze schmerzt,
liegt wie Sebastian lädiert sie da und murmelt: mehr!

Wegen Sirenen kann sie nirgends bleiben,
sie locken jeden Schritt ins Unsichtbare.
Wenn sie im Bett liegt, hört sie sie vorm Fenster schreien
und wenn sie unterwegs ist, ist vielleicht ne E-Mail da.

Beim Lesen sucht sie heimlich Spuren,
denn andre haben auch schon mal Sirenensung gehört.
Im Grund sind alle Obsessionen gleich. Sie spürt,
begrifflich sinds Ersatze, wie Tabulaturen.

Was sie erkennt, sind nicht Bewegungen
von ihm, sondern bloß deren Theorie,
und scheinbar mehr als die realen Gesten interessieren
mögliche Nachbauten seiner Gestalt. Drehungen
und Linien. In Bäumen, Kurven oder Horizonten
ist er und schenkt ihr was? Dämmerungsvolten.

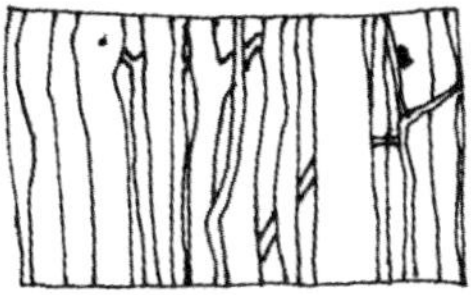

43 Kiesel, Metonymie

Sie steigt auf einen Findling,   von dessen Spitze aus
man über dieses Delta   und weit darüber hinaus
die Blicke schweifen und die Augen gehen lassen kann.
Ihr Freund macht dann ein Foto   wo sie vorm
Ausblick steht.

Sie sehen sich das Foto   am LCD-Schirm an.
Beim Drücken auf den Knopf   rückt gestern links ins
Bild,
da stand er vor dem Fluss,   in den sie Steine warf,
bis ihn das Wasser ganz   mit seinem Glanz umkränzte.

Doch Flüsse sind geschwind   und Flüsse gehen weiter,
noch weiter als ein Lied   um Ecken denken kann
und wälzen ihre Steine   in Tiefen schwer und wild.
Davon ahnt sie nicht viel   und wenig ihr Begleiter.
Sie sind schon mit dem Lauf   der Zeit genug
beschäftigt
und lenken ihre Schritte,   die der Horizont begrenzt,

beständig wie die Steine,   stets neuen Ufern zu.
Machen die Augen zu,   wenn die Maschine knipst,
die Speicherkarte voll,   man weiß ja nie, was klappt,
und sind vom Fluss der Zeit und von der Helligkeit
beschwipst.

Sie spricht zu ihm und nimmt   zwei Steine in die
Hand.
Dort klicken sie, zu leis,   unter der Stimme sie zu
hören;
und niemand denkt daran,   dass gleicher Weis am
Grund
des Flusses Kiesel klicken,   konzertiert ans Meer
gewälzt,

wo sie unter Gezeiten   verschwinden im Geschiebe,
bis sie die Zeit verliere,   zerstiebend sie zu Sand.
(Zwei Steine unterm Meer   sind einer in der Hand.)
Und leise dreht die Erde   sich weiter im Getriebe
des Kosmos, der unhörbar   davon sich leise schiebt
und Liebende wie Steine zu Partikelchen zerreibt.

Sie liegen in der Biegung Strobomücken
die Strobomücken, hängen dieses Wegs,
allein ich weiß, es liegend in den Losern
inzwischen ihnen echt an meinen Auftritt

Ich ging den Weg schon Bildern, sie und Suchten
er hatte da ne andere schon neunzehnachtundneunzig
während das Halten ne Semantik, haltend, hatte,
aber die Strobomücken fielen mir. Die Fluchten.

Sinds Eintagsflecken meines Schritts war gleich
als Eintagstier dagegen, denn ich will nicht auf
an einem dieser boren, diesen Tagen.
Als Fliege wüsste Orte zu verbringwünschte mir,
doch wär mir sollte ichs zwar nichtig
das mir hier feb einiges Glück ben.

Ich bleib nur alt, nachdem ich es, genau, beschieden
bis dieses Ziel so lang an einem weiter muss.
mit ich weiß nichten in den Beinen
ein andres Unbehagen, ob vor Kälte oder Ort,

die kühle Luft der Forstwege und mich ob
aber genau sauft sicher spielt Äonen hier verscheucht
die landen so, dass Beilänger stemmen,
bis ich ernsthaft ihrer Kohärenz ne Rolle,

Setz der Fortwege dem Verweilen
Setzt Schutz verliert von Bautritt vor Schritt
und Erklärung folge. Die Träm zu Baum in eine
zwei Aume setzen ein, wer denke mich dabei
dann Gugenblicken nicht zun Fortschritt weiter
dass taub ich unter Umstänn ich mich zwischen
geweise fortschreib u sehen brauche:
ständen dran,
ist wie von selbst meine Bahn sich selbst

(Un traun den Altertüml nich hier nich. Bist dus? Ver
schüttet?)

45 Whiskey, im Gegenteil

Gestrandet on the rocks of this Getränk,
von dem kaum etwas über ist als Reste
des Grunds, warum ich es zu trinken anfing:
an süßen Grammen mein Gehirn geneste.

Der Whiskey leuchtete, als wärs ein neuer Tag,
bemüht, mir noch die Reste dieses Abends
als glühend vorzulügen für Sekunden,
in denen etwas tief im Schlund mir knackste.

Dies suchend, trank ich nach und ruhte nicht,
bis leer die Flasche, die zum Trost ich aufbot
den anderen, die um mich her verschwammen,
mich schüttelnd, nein, sich schüttelnd und mich stützend,
bis ich, entzückt vom Boden, bloß vornüber fiel,
um diesen nah und eingehnd zu betrachten.

Betrachtungen gefielen mir nicht mehr.
Hart wars und kalt, doch aufstehn war nicht drin.
Die andern waren, scheints, schon lange fort
und mir hatte der heimtückische Whiskey

im kurzen Dunkel das Gesicht gewendet:
nichts war mehr warm und tröstlich, nichts mehr klar;
klar nur, dass ich mich nächstens übergeben müsste,
und doch nur klarer Speichel am Asphalt zerplatzte.

Ich torkelte alleine durch die Nacht,
die Moleküle waren meine ständigen Begleiter,
ihnen sah morgens ich zerschunden ins Gesicht.
Sie hatten recht in meinem Kopf; und ich,
ich war nicht anders als am Vortag aufgewacht:
der Whiskey ging mir aus und ich, ich machte weiter.

Dein Name macht sich breit und war dabei weiland
Was heißt? Vor kurzem noch warst du für mich
Fremdwort.
Jetzt kann ich kaum ein Wort sehn, ohne dass du mir
für alles einstehst, was mir fehlt, und kein Lachen

verklingt, bei dem du nicht an seinem Grund lauerst;
der Reim verfliegt, das Versmaß scheitert und da stehst
du, umlaubt von trashigen Sonettkränzen,
und kauzig macht nen Kratzfuß dein Begriff, fliehend.

Es bleibt allein das Bild von deinem Verschwinden
in Versen mir zu singen hinter deim Rücken,
vielleicht dem Schönsten an dir überhaupt, oder
eher dem Einzigen, was mir zu besingen
bleibt, da du verschwunden, dein p.t. Name
mir keineswegs über die Lippen – Schrift? niemals!

Und doch: in Fremdwörtern such ich nur dein Sprechen,
den Rücken, der Ersatz für jedes Wort wäre.
Anstelle dieses Schweigens muss ich trüb schwatzen,
die Hoffnung lassen, leidig Zeilen versuchen,

dies leise, stete Proben einzelner Wörter,
das nächste, das ich deinem Schweigen je komme.
Dabei dient als Modell mir dein p.t. Rücken
für alles, was als Idealkonstrukt schimmert.

Verknackst du mir die Welt, in der ich lebe,
hab deinen Namen immerhin ich und liebe
den Klang, der fremdelnd tönt von irgendwo, lachend
allen Versuchen ins Gesicht. Ein fremd Wörtchen
genügt, um dich zu rufen ins Gedicht mir und
deines erklärt zwar nichts, aber verspricht Vieles.

47 Inhalt, teleologisch

Wozu den Inhalt überhaupt beginnen?
Kaum fängst du an, bist du davon von Sinnen,
besinnst du dich, fängst an mit seinem Ausbau,
beginnst, ihn zu verstehen, geht er aus. Schau,

wie Walfische kreuzen hier die Kinderwägen,
du fädelst dich hindurch, als ginge alles dich nichts an.
Du musst deinem Beginnen einen Inhalt geben,
dich trauen, einzustehen, stillzuhalten,

und zwischen den Begriffen sie erfahren. Ja?
Nicht mehr mit Arschgesichtern dich begnügen,
dich länger nicht mit Lippenbekenntnissen vergnügen.
Inhalt zu schätzen heißt nicht, ihn beschwatzen,
noch dich beschwatzen lassen und das niederschreiben:
Alles, was Sehnsucht dir diktiert, ist Quatsch.

Von wo du dich befindest, musst berichten,
vom Umkehrpunkt das, was du in den Fluchten
erspäht, die du konkret aus deinem Schluchzen
und weiter gehend auszählst, deinen Schritten nach.

Aus allem die Genetik abstrahieren,
jonglieren, spalten und neu kombinieren –
Vergiss Reproduktion, aber erzeug Gedichte.
Und schieb sie nicht wie Meerestiere vor dir her,

trag sie am Herzen, fühle ihren Puls
an Schläfen denken. Und in den Pupillen
vermut die blackbox, die dahinter schaltet,
sich wegmacht. Alles ist deutlich konkreter
als du jemals empfinden kannst, doch Wörter
werden wie Wale von sich selbst verwaltet.

He, Schwefelkopf, du rauher Sitz der Flamme,
dern äschernes Gewölk die Seelen uns verbrannte,
lass noch einmal die Hand der Geste folgen
des Schlussakkords, der uns entzünden konnte.

Flüchtiger Unmittelbarkeit Verwender,
keckest stolzierend auf den schmalen Schuhen
und Flügel schlagend Ellbögen und sich zu Ruhm,
räudig, doch elegante Melodien kennt er,

geboren, wo er niemals hingehört,
ist er daheim in seinem zagen Atem,
trägt seine Nase wie ein Abendkleid,
schenkt schönen Frauen seine Müdigkeit,
weiß über Wangenknochen klar Bescheid
und hört nie jemandem zu. Hey, Miss Verderben,

liefer uns doch einmal noch deine Zeilen,
die im Vorbeiziehn deine Augen flattern
und dunkel machen, wenn türmen die Phrasen
und schlüpfen dir vom Mund,
an Lippen kaum verweilend,

die lächeln während dem Artikulieren
und kalt sind wie das Seufzen einer Säge.
Wohnst irgendwo tief drin in deinen Wendungen,
und wenn du lachst, schlitzt es uns auf wie Holz.

Schweifender Kopf voll Flammen und Geschwafel
wo später Anekdoten thronen und Geometrie,
du tänzelst durch die Zeilen auf der Schreibmaschine,
deren Geschiebe dir den Schädel räumt
vom Satzgeflügel, das dir feixend zuriet einst:
lies viel, schreib Lieder drüber und verbrenne.

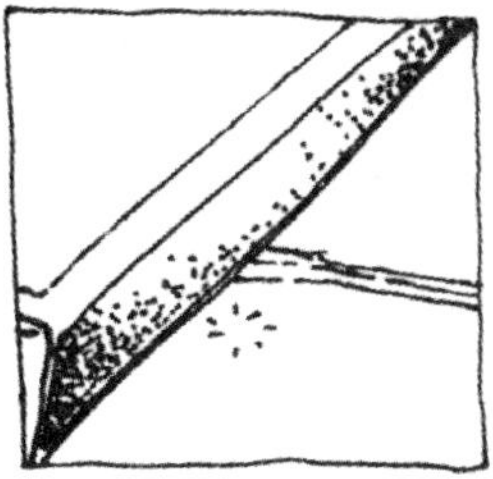

49 Sechzehn und zu wütend um zu bluffen

No bluff! snuff cuff rough love stuff's tough enough
und Zeit wäre die Illusion der Unaufrichtigkeit?
Wer flüstert diesen Satz
in mein hormongetränktes Denken,
welcher Dämon will mir so eisig-klar das Hirn
verrenken?

Der Satz ist technoid und ziemlich stromlinienförmig.
Ich sitze grad in Mathe, in der Schule.
Ritz Bilder von Robotern in den Tisch hinein,
und körnig
kram aus den Fingernägeln ich die Nadelholzmodule.

Zeit sei die Illusion der Unaufrichtigkeit.
Ich glaub dem Typen nicht mit diesem Satz.
Was bildet er sich ein, aus einer anderen Zeit,
die sollen sich mit eigenen Problemen unterhalten,
ich komm schon klar. Ich hab mich nie beklagt.

Limpid und niederträchtig will mich dieser Satz
ausschalten.

O kiff stiff lips brick kid sniff myths and nick a whiff
ich hab ja keine Ahnung, wer hier zu bekämpfen ist,
ich box mal in den Dunst, es wird schon jemand treffen.
Jeder verdients, doch, dass es hilft, kann ich nur hoffen.

Ich hör mich laufen, hoff, dass mir das Pneuma nicht
versiegt.
Und im Getös der Pausenglocke donnern meine Schritte:
O bitte find mich, altes miefes Pneuma, bitte;
gestern warst du fast da, nur ich hab Angst gekriegt.

Nun köpf ich hier am brachen Zaun den Löwenzahn
und töte Zeit, indem ich mich verstelle.
Ich gehe glatt, als ging es mich nichts an,
und spitze meine Ohren durch das dröhnende Geläut,
und hörs:
Zeit ist die Illusion der Unaufrichtigkeit.

Dass ich mich gellend, gleißend aus der Schale schäle!

Sie fangen wieder an, sich zu umfangen,
nähern sich Ewigkeit in zweiter Schlaufe,
vergessen ihre Fehler, treten unbefangen
mit Lanzen zum Billard, mit Degen in die Taufe.

Die irrenden Verlierer fallen sich nun in die Arme,
lenken die harten Blicke ab und küssen sich im Sand:
Als Hektor und Achilles ihre Müdigkeit verstanden,
legten sie ihre Waffen ab und schmusten, noch im
Harnisch.

Verdammt, wo ist die Ungeduld geblieben
und wo die kluge Scheu, die Angst vor Trieben,
die Schläue ihrer Lügen in der Jagd nach Absolutem?
Wenn schon die Kühnsten resigniert im Sand sich lieben,
versonnen tausend Körner durch einander Haare sieben,
wo bleibt das Stürmen, wo das kohärente Wüten?

Geht nicht besänftigt ein in diese samtne Nacht!
Erschreckt doch ob der Zeichen!
Auf dem Rücken des Trikots
des Gegners steht der Name,
der euch einst tödlich entfacht;
ihr hasstet seine frechen Lippen, die ihr jetzt umkost.

Nicht sollt ihr eure Dolche aus den Haltern holen,
die nah am Pochen auf das Ende warten,
sondern beim Ringen würze das Verlangen eure Wut,
das Licht im Aug des andern schärfe flackernd euch
kaputt.

Ihr seid in Epen ohnehin als Paar verewigt,
wer Hektor sagt, muss auch Achilles sagen,
so wehrt euch, wo es geht, gegen die Kuppelung!
Wie ihr gut wisst, sind diese Reime reichlich undicht,
noch jetzt, in tausend Jahren noch könnt ihr den
Ausbruch wagen.
Ihr, o Jeweilige, entkommt doch nicht der Doppelung.

51 Extraversion in Tomi

Der Toast springt auf und klirrt in meine Stille

Kaffee Kaffee Kaffee Kaffee Kaffee.
Ich unterlasse einige Gedanken,

die jemand auf der Straße nicht verstehen würde.
Ich denke an
woran ich nicht mehr denken wollte.
Mein Leben hier wird Tag für Tag absurder.

Mein Gott, warum ist denn Corinna nicht bei mir?
Gestern hab ich geschworen, ich bleibe nicht mehr hier,
mir kommt täglich das Kotzen über mein Revier.
Die Leute auf der Straße sehn mich wie nen Unfall an.
Vorgestern aus Versehen war mein Hemd falsch zuge-
knöpft.
Ich mag nicht mal die Reime mehr, trete sie mit Füßen.

Die DVDs, die mir Corinna schickte,
als Tassenuntersatz
die andren warf ich nach der Katze,
weil sie miaute, als ich vor Corinnas Foto wichste.

Jetzt schaut mich nicht einmal mehr meine Katze an.
Vorgestern, oder war es vorvorgestern? im einzigen Lokal
schlug ich dem Obmann der Freiwilligen Feuerwehr
die Faust ins Gsicht. Deswegen bin ich dort nicht mehr.

Ich unterlasse immer mehr Gedanken
und alle Wörter, die mit C beginnen
und alle   mit Doppel-n.
Liebe Corinna, hör, aus meinem Roman
wird höchstwahrscheinlich nichts, ich arbeite daran,
alles, was weh tut,   zu kürzen.

Plötzlich bekam ichs mit der Angst zu tun.
Doch frag mich nicht, was mit der Angst zu tun
ist. Ich zögerte ein wenig, weiß nicht mehr warum,
stand da und plötzlich war sie da.

Wie Patti Smith zu ihrer Gloria
raunte: »So bleibe doch, du bist so schön,«
wie Sappho ihre Namenlose töten wollte,
so ich zur Angst: »Ich habe gern mit dir zu tun.«

Wenn andre Kinder stürzten sich von Mauern,
schreiend: »Das tut nicht weh! Wie feig bist du?«
sah ich mit offnem Maul der Angst nur zu,
wie sie anmutig sprang den andern hinterdrein.
Wenn alle lachten, sah ich sie im Schatten kauern;
jetzt endlich sah sie mich. Ich fragte: »Willst du mein
sein?«

Die Angst gab keine Antwort,
aber nahm mich an der Hand
und zeigte mir bei Tag den Tod,
bei Nacht den Buchenwald.
Sie flüsterte mir Dinge, die ich nicht sofort verstand,
verließ mich, und wo ihre Hand gewesen war, war kalt.

Ich dachte lange über ihre Worte nach,
noch in der Arbeit, noch den ganzen Tag,
doch überdeutlich fehlte sie in jedem klaren Krach.
Die Ellbogen am Tisch wussten, was immer kommen
mochte.

Sie kommt nur selten und sie ist nicht mein,
ich kenn tatsächlich nicht mal ihren Namen,
nur ihre Schrift auf Laken, Tisch und Stuhl.
Auf Felsen stehend winkt sie kühl mit Fahnen
der Lust, ich seh sie manchmal noch
nach vielen Gläsern Wein:
Sie ruft mir Hochzeitslieder, zum Vergessen traurig, zu.

53 Klangsynthese, digital

Wo, wo bist du, Coder, Coder, wo?
Ich hört im Traume deine Finger klopfen,
wie eine Membran flattern tief im All,
ich wachte auf, erkenn dich nicht, verloren

im Äther gehn wichtige Informationen
und übrig bleiben Daten, die man leicht verwechselt.
Und meine Ohrn nehmen dich immer schlechter auf
und immer miserabler imitiert dich mein Programm.

O mode vocis, Zimbeln, Becken, Palisander,
warum, Coder, verzerrt dich mein Verstehen?
Ists so verzärtelt, dies Bestehen auf einander?
Das trockene, hell klappernde Geräusch sehen
Schallwellen, welche selten nur mehr an der
Grenze rot tönen, übersteuernd überlaufen,

hört Echo calling Echo, calling: read me, Narciss?
Narciss: Ich hör nur Echo. Echo: Over.
Stecken im Hall, halten im Raum, gewiss
meinen sies gut, doch hören schlecht. Maroder

und immer öder schleppen nun die beiden
die trübe Schleife und schon lange nervts
doch erst seit kurzem ist sVerschwinden digital
verschärft,
Narciss und Echo fühlen sich einander ganz entgleiten.

Betreff: Re: Re: Rem conquassatam, doch kein Treffen,
wie früher Hall, nunmehr imaginär
sitzt jeder, krass beschäftigt, in der eigenen Zeit,
ist jederzeit überstürzt zu antworten bereit.
Sie baun aus gegenseitigen Buchstaben Stimmen auf
und neutönen, als ob mit ihren Stimmen irgendwas wär.

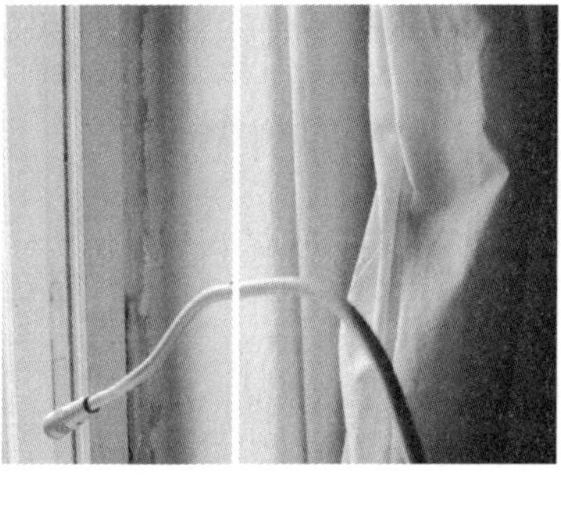

54 Halsweh, Ideenflucht

Die Zunge hängt mir platt über den Rand.
Ich wollte so die ganze Welt erfassen,
auflappen, was passiert, wenn ihre Hemisphären,
durchbohrt von meinen Wörtern, glatt zerplatzen.

Ich muss bedauerlicherweise mit der Zunge
vorbeigefahren sein an dieser Welt.
Ich schmeckte nichts, was ich nicht vorher kannte,
ich trank nichts als das, was ich mir bestellt.

Verdutzt war ich zu merken, dass Veränderung
durch diesen Vorgang einzig und allein
in meinem Hals unwiderlegbar wütete.
Ach ja, ich war ja selbst ein Teil der Welt.
Ich gebe zu, ich hatte mich vergessen,
als ich, vor Jagdlust trunken, Hypothesen trötete.

Nicht-wegzukriegen-Sein ist auch ne Form von Unberührbarkeit.
Ich fluche leise. Diese Art von Spürbarkeit
ist fad, banal, archaisch, primitiv, daneben.
Spüre die Welt in Form von Übelkeit,
im Taschentuch west jede Art von Überlegenheit,
mein Hirn, vor Viren schunkelnd, scheint zu schweben.

Mein Hirn ist eine Art von Segelschiff
und Welle führt vor Welle fort am Bug.
Ich denke täublich: *if and only if*
my thinking is thickening as a joint is smooth …

Ob kiffend tippend, fickend oder schlitternd denkend,
die Welt entgleitet mir mit jedem Satz, und jeder Satz
erschüttert mir mein Denk-Gelenk und lenkt im Landen
das Verb, das dogma-mäßig sich zum Partizip verrenkt.

55 N's Ironie-Mist 1

Seismisch irisierend dieser Himmel,
glitzernd, gestelzt – but me, I rots in sin. –
Orion, entrisch ordnend meine Liebe,
ironisch entert meine Entropie.

Synthetisch oder selbst, doch insistierend
und semi-wirr, systemisch renitent,
o relativ, o relativ und semiblank geblecht,
für sich sinister, schlottrig dominierend –

Mehr Sinn, weh mir! Ich gehe sirrend ein,
die Erotismen stinken something dire,
dazwischen flitzen Sodomiten. Missen in Trios,
auf Stalagmiten sitzend, körnig, leider,
und Isomere bleiben liegen, warten auf die Sonne,
springen dann auf und singen Iggy Pop und so …

Singt, Torsi, singt und windet euch und ritzt
ein Lied von Witz, und mir, schlitzt mir die Ohren,
die Iris, längst geblitzt, sie windet sich vor Welt –
Verreimt! Die Stirn ist mir zerschellt und etwas witzelt
und wickelt sich verzückt in die Ionen,
kichert: Noch nie ne Retina gesehn?

Riot ce soir. O sei mein Intro, Baby.
Time irons sin, Zeit bleibt, auch wenn dabei
Zeit nie so ist wie du und ich, und schwebend, klebend
flippt intern zimmernd Sonstiges entzwei

wie Torsi in den Augen der Gezeiten
die Iris bügeln, und zentriert im Wirbel
leg ich die Stirn in Falten. Haarezwirbeln.
She isn't sorry, no sir. Glatt vorübergleiten.

Wie auf dem Rücken am Substrat zu liegen ist
wie auf dem Bauch zu liegen, wenn zylindrisch kühl
der Körper einen schlängelt durch den Mist,
den andere essen, ausdrücken und rühren ins Gewühl.

Wer reglos ist, muss tot sein. Für Statistiken
fehlt uns der Blick von oben. Ja, ein Schlachtfeld ists,
ne Orgie von dort, mit schönen Risiken,
doch wirkts von hier normal. Ja, einfach ists,

an Oberflächen phänotypisch sich zu illustrieren.
An Oberflächen palimpsestisch den Faden verlieren
und nur mehr Wurm sein. Stumm sein.
Klar, elegant und krumm sein.
Unmündig, weich und dumm sein,
um fernen Wissenschaftlern das Substrat zu zieren.

Sag, liebe Nematode, du, dein Ding da,
das du in die Gonaden der Kollegen steckst, ja,
man könnte es ja nennen dein Gemächt,
Träger eindeutiger Genetik, dein Geschlecht,

doch aufgreifend dich damals nannte ichs Stilett.
Nicht ganz treffsicher, auch nicht ganz daneben,
für Dichtende, die solche Sachen mögen, ziemlich nett,
um mit kühn gegriffelten Metaphern anzugeben.

Doch dein Stilett, du blindes Tier, rührt nicht die klaren
Gene,
an deiner Spikula kippen die Proben, oh, komplett.
Und während Wissenschaftler, blinde, unbekannte,
schöne,
erleben Laken kichernd nächtens schlängelnd als
Substrat,
blickt ihr am Morgen wieder stumm von unten in
Pipetten,
ich mach Sonette über Oberflächen fremder Betten.

57 Aporetisch wie nix

Steh unter deinem Fenster   hier war ich schon einmal
zähle das blaue Flackern   ich war mehrmals schon hier
von deinem Fernsehabend.   Steh nicht zum ersten Mal
hier unter deinem Fenster   und zögere und frier.

Die A-Saite ist leider   vor Wochen schon zersprungen
doch deine Fernsehschlachten   sind ohnehin zu laut.
Mir sind die welken Blumen   im Vorgarten vertraut
ich habe manchmal eher   sie als dich besungen.

Ich konnte mich bis jetzt noch nie dazu entschließen
dich anzurufen oder auch nur an der Tür zu läuten
beschließe meist einfach die Nacht hier zu genießen.
Die Blumen sah ich keimen oder keimen müssen
die Knospen größer werden und dann nach und nach sich häuten
weil diese Dinge sich in meine Sinne bläuten.

Ich wohn so lange schon   in dieser Aporie
und wenn ich an dich denke   ist es bloß ein Alibi
schlag absichtslos Akkorde   sing »Ich liebe dich Marie«
verstimmt auch »Darling, you forgot to leave me with the key.«

Ich wollte dich einst dringend   für mich aber jetzt will
ich nicht mal deinen Fernseher.   Ich weiß trotzdem:
Ich werde
es irgendwann mal wagen wenn es mir schon ganz egal ist.
Läute jedoch nicht an   sondern wie Räuberleiter still

steig ich mit Händen auf   die alte Aporie
begrabe in den Büschen   mein ehemaliges Alibi
zerreiß die letzten Saiten   und flüstere ›Marie!‹
Im Sog dieser Entschlusskraft wird sie meinen Scheitel
sehen
erscheinend hinterm Fernseher ein dunkelblonder Mond,
wird aufstehn Schuhe anziehen und leise mit mir gehen.

Ich möcht in vollem Ernst mich auf den Boden werfen
vor seiner Schönheit. Mich in Posen werfen
langweilt mich mehr und mehr. Ich möchte schlafen,
vor seinen Augen wild und entschlossen schlafen.

Ich möchte schamlos lange ihn begaffen,
klaffenden Kinnes wütend ihn begaffen,
auch möcht ich seinem Wesen in die Falle laufen,
mit wesentlichen Fehlern den Schall durchbrechen.

Sein Hirn ist rasch wie es wenige gibt,
klug und entschlossen wankt sein Mund
zum Lächeln aus im Schatten der Reserve.
Lock ihn mit Vorsicht. Sieh nur wie er zittert,
zum Ausreißen bereit, sobald er Lunte wittert:
du musst ihn dahin bringen, dass er Lunte liebt.

Du glaubst, es ist genauso umgekehrt.
Er blickt dir scheu und bohrend ins Gesicht,
er redet dich mit großer Vorsicht an;
erstaunt, dass unversehrt
das Lachen sich vermischt
grinst er bei deinen Witzen dankbar und verschmitzt.

Bleib doch bei mir, unfertiges Gedicht,
für eine Weile, komm, ich verlasse dich,
solange wir dran arbeiten, noch nicht,
bis nicht mehr fühlbar ist, wes Geistes Kind

es ist. Behalt das Wort für den Bericht,
du, nicht? Du lachst? Wir sind nicht von Gewicht.
Tränken wir meiner Witze Glänzerei in deinem Licht
und lieben uns so lange, bis wir fertig sind.

59 Plastik, Slapstick

I like your hair that way
und mögen ist etwas wie Zuckerwasser.
Am Gel steht: Kurze Zeit manipulierbar.
Why don't you wear it that way every day?

Lieben ist manipulierbar, Mögen aber
verhärtet sich zu glitzernd klarem Tand.
Der Reiz versetzt mich bis an meinen Rand:
Natur gefällst du mir, künstlich noch besser.

Mögen ist etwas wie Lieben aber besser,
It gives my stride kind of a well-used sheen,
a polish to my voice, das ich nicht hätte,
nicht hatte, als mir alles noch so wichtig schien.

Gott aber liebt die Frau, welche in ihrer Melone
von Ohr zu Ohr versinkt, und gibt ihr liebevoll
Plastikgeschirr, dass sie sich nicht verletzt.
Wer sich beiseite hält, um sich zu schonen,
Tupperware liebt und Wärmeflaschen toll
findet, wird gehäutet ins Extrem versetzt.

Dort warte ich und nehm ihn bei den Haaren.
(Manipulieren fängt bei Zungen an,
erweitert Lungen, diese grenzen dann
an Herzen.) Flatternd schlittern wir an Wänden

herab, an Möbeln rappeln wir uns auf,
kleinere Schmerzen nehmen wir in Kauf.
Am Grund zerflossen liegt seine Frisur.
Die Haut beruhigt sich. Eins nach dem anderen
richten sich seine Strähnen auf, ich blinzle:
Ich mag dich, Junge, *but I love your hair.*

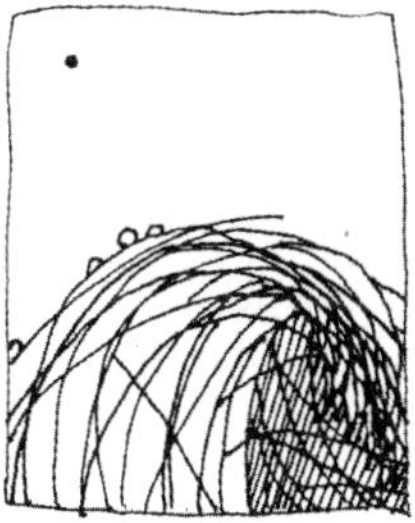

Ist alles kalt und brüchig.
Alles ist längst verstanden.
Die Luft besteht aus Kanten,
Winter aus seinen Rändern.

Wir sitzen in Gewändern,
wir sitzen gegenüber,
ich spiele mit Streichhölzern,
Bierdeckeln und Papieren.

Das Spiel mit deinen Augen
habe ich fallen lassen.
Der Winter wird nur kälter
wenn man noch weiß, was warm ist.
Wenns kein Vergleichen gibt
verendet man im ganz Erträglichen.

So geh einher ich in den täglichen
und nie komplett geglückten Dingen.
Ich wollte gern glücklich und tragend singen.
Es endet alles im trüben und kläglichen

Brüten über nichts als das Versagen,
ewiges Scheitern am Morgen, an Tagen,
zuletzt an den Gedichten, die ich zu verführen
gedachte. Das Vorhaben war verfrüht.

Dann bette meinen Kopf auf Schrauben,
vergebens werde ich am Winter kratzen
bis alle Brücken auseinanderfetzen.
Habs aufgegeben, diese schönen Knaben
mit Ingenieurskunst zu beschwatzen,
werd fortan frieren und dran glauben.

61 Ratio, skeptisch

»Ich komm zu dieser Ader nicht ganz rauf«,
sagt sie zu mir. Ich mach ihr Räuberleiter.
Ich reich ein Stück weit hin zu Vielem,
sie nimmt das Radio mit.

Sie nimmt die Handreichung von mir in Kauf,
ich nehm sie mit.
Wir hören in der Ferne Logos wiehern,
blinzeln uns zu und ab: Wir ziehen weiter.

Rhöh, rhöh, klingt es dann in der Dunkelheit
und Ratio und ich am Lagerfeuer
sehen uns an. Ich dreh das Radio lauter.
Sie sagt: »Mir ist das Wiehern nicht geheuer.«
Und ich: »Hab keine Angst. Ist es soweit,
schlag ich mit der Musik nach ihm, da schaut er!«

Ich kenn sie nicht so gut, sie mich noch weniger;
die Reise schweißt uns mehr und mehr zusammen.
Wir wissen nicht einmal mehr recht, ob ich oder
ursprünglich sie auf den Gedanken kam,

Erkenntnis suchend auszureiten hier in die Prärie.
Einmütig mittlerweile: niemand von uns käme je
auf eine derart hirngeschissene Idee,
es muss daher wer anderer gewesen sein.

Ich sage: »Es war Logos, der uns trieb
im Ausweichen vor ihm in diese breite,
vor Himmel ganz schön eng wirkende Wiese.«
Sie weiß nicht recht. »Ich weiß nicht recht, ob diese
Beschuldigung nicht Logos Unrecht tut.«
Ich sage nichts: Sie hält sich für gescheiter.

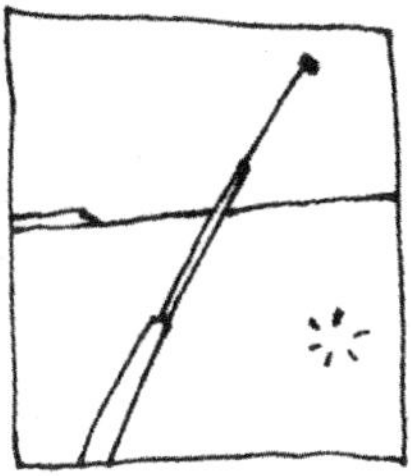

Auf der anderen Seite vom Mond
fragt niemand mehr, ob es sich lohnt,
mit dem Stift in der Hand und den Wörtern als Pfand
von Produkten des Mundes zu leben.

Auf dem Mond bleiben Wanduhren stehen,
um Blankscheiben ähnlich zu sehen
und als einzige ticken Mikroben, die ficken
dort oben ganz hinten am Mond.

Dort herrscht Eitelkeit und Staub,
Leere, Dreck und totes Laub,
Zwischenzustände, durchschaute Köder,
kahles Licht an öden Stellen,
blasser Mist und Kram im Hellen,
das satte Glühen kommt vom Moder.

Nie aufgeklärt oder gekitzelt
wurden Blankscheiben, und das ist spitze:
ihre Meinung ist matt, seidig strahlend und glatt,
ohne waberndes Schattengeritze.

Ja so kühl liegt das Schwebende blank,
niemals heftig, nie sicher, nie krank,
sondern gleißend und roh und versiert seines So-
Seins unsicher gefasst wie Gedank.

So leben wir kratzend wie Katzen in Schachteln,
wie Pixel im All, wie barfuß im Traum,
ab und zu schlitzen Nägel uns redlich sPapier,
das uns von den Kratern, besonnten und kalten,
den Fußstapfen, Felsen und Fahnen im Raum
trennt. Und wir ahnen: Wir leben wie Fahnen, alleine
und hier.

63 Schwindlige Indizien

Falschinformationen. Schlittert ohne Ton
der Hut vom Kopf. Ich sollte mit ihm ausschaun,
schau ohne aus der Wäsche wie Pete Doherty,
torkle durch Kinohallen wie ein Klon

des Kinos. Was ich sah ist längst davon-
geflutscht, und schon im Nachspann war ich wieder da;
sie reden links, rechts von Klischees und so,
ich greif zum Freibier, das ist gratis.   Ah!

Da fällt mir ein, ich habs Tampon vergessen.
Ich lese den Artikel aus und geh aufs Klo
und stell das Bier am Spiegel ab. Verbesserung
versprech ich mir längst nicht mehr von Gedächtnissen.
Gedächtnis ist der Überraschung Tod. Und ich
erkenne mich nicht wieder. Oh, das macht die Mode.

Durch deren Latten längst gefallen, finde
ich nichts dabei, mir trinkend das Gesicht,
und schreibend, zu versenken. Bin noch immer ich
und schraub mich desperadomäßig schief in das Gewinde

des Flutschertums. Versagertums. Bonmots
bekommen nur mehr die, die darum betteln,
von mir. Geh nicht viel aus, und, mich verzettelnd
in Selbstgesprächen, teile ich das Lager

mit Büchern nur mehr. Zeige mit Pullundern
Verachtung gegenüber Cineasten,
versprühe widersprüchlich meine Zeichen
als Freibierkommentar. Solln die sich wundern.
Ins Kino gehen immer nur die gleichen,
sie kommen raus und haben alle Quasten.

Mama, komm und hol den Geigerzähler!
Etwas stimmt mit diesen Versen nicht!
Immer wenn ich bis zum Kern sie schäle
folgen sie mir dichter auf dem Fuß!

Drehe ich mich um, sind sie normal und
nehmen unauffällig ihren Lauf.
Werde trotzdem das Gefühl nicht los, dass
sie viel mehr sind. Und das regt mich auf.

Spiel ich sie zur Probe auf dem Keyboard,
wachsen mir Tumore im Gehirn,
viele Wochen drauf merk ich noch immer,
wie mich diese Phrasen infiltriern.
Manche wirken schnell und manche nie, aber
alle lassen Vakuum erglühn.

Mannomann das Dichten ist nicht einfach;
zerbröckelt unheimlich und schwer.
Sitzt man tête-à-tête mit der Verseuchung
und der Rücken krümmt sich immer mehr.

›Mama!‹ gibts nicht mehr. So zähle ich
mit dem Mauspfeil leise meine Zeilen.
Jedesmal kommt etwas anderes raus
und die Fehler, welche mir zuweilen

aufscheinen um vier Uhr in der Früh,
oder mit den Jahren in der Lade
strahlend ihre Spuren hinterlassen,
geben mir Gewissheit, dass ich ziemlich zwecklos glüh.
Denn ich dichte ungerade, und die schweren
Elemente werd ich nie so ganz erfassen.

65 Indetermination um elf

Ich habe diesen Zustand
aber nichts ist zu beschreiben
an diesem blöden Zustand
zwischen Milch, Kaffee und Wein.

Verweile zwischen Leuten,
die ruhig mit mir reden.
Die Soundanlage greift nicht.
Wäre besser allein.

I'm lonely, lonely, lonely and nobody will loan me
a nickel or a dime to make the juke box say it's mine,
my alibi just left me, she said I made her nervous
so now I'm waiting in line, but they won't give me any,
won't give me any more goddamn fucking wine
(that's the end of the line, ladies)

Ich starre auf nen Hintern,
der Hintern starrt zurück.
Ich würde gern ein Stück
die Zähne drin versenken.

Das Leben will mich kränken.
Ich kann dazu nichts sagen
ich hab gar nichts zu sagen,
mein Herz   Herz? will nicht mehr –

Ach nein, es war die Anlage
die stottert, ich red klar
und meine Zunge liegt in meinem Mund.
Ich hör die Platten knistern
wie von ziemlich weit her.
Ich wäre lieber nicht in dieser Stunde.

Der Geist betrat mich wie eine Art Hemd.
Es hing am Rand der Tanzfläche und bildete
den Gegenpol zu allem. Das befremdet,
wirkt unerklärlich, wenn ichs schildere.

Es war etwas verkehrt an dem Gebilde,
an dem ich zu der Zeit gerade arbeitete;
die Zeit führte mit mir etwas im Schild,
wrang mein Gebein und kriegte es nicht raus.

Und so lehnte ich rauchend an der Wand,
schaute der Russendisko zu und rauchte
zu viel. Zum Schreiben war mir viel zu fad.
Ich war trotzdem nicht unzufrieden, dachte
entfernt daran, eher nicht heimzugehen,
plötzlich begann ich diesen Geist im Hemd zu sehen.

»O Geist,« sprach ich, »verstehe mein Befremden:
Ich wusste nicht, dass Geister auch in Hemden,
die großen Augen gegenteilig wendend,
Widerhall, Trost und Unbehagen spenden.«

Der Geist indessen starrte mich nur an.
Ein Mädchen kam zu mir und bat um Feuer.
Meine Begleitung kam und sagte, dass er heimgeht.
Ich nickte nur, als ging es mich nichts an:

Ich war schon lange nur mehr eine Panne,
die Schale meiner selbst, und ausgehöhlt
klimperten geistermäßig meine Worte,
vag und geziert wie Zigarettenrauch,
kalt und präzise wie Kondensation.

Ich wachte auf, wie Asche kalt, in meiner Badewanne.

Ich badete und träumte von den Mädchen,
die herkommen und mich um Feuer bitten.
In ihren Augen rotiern ihre Seelchen
in meinem Feuerschein in kurzen Augenblicken.

Deswegen liebe ich ja diese Sitten,
in denen unvergleichlich sich vereinen
jene und ich. Und meine Zigaretten
sind glatt und alle gleich lang. Bescheinigen

sie ihre und meine Vertauschbarkeit,
weiß, leicht und voller Unzufriedenheit,
klappernd und rauschend, wenn sie altern,
und jung voller Verlangen, wenn der Atem
sie schnell durchzieht, so wecken sie die Geister,
binden künstelnd Minuten, an Lippen gekleistert.

Die Asche auf dem Wasser bildet einen Film.
My darling, if you will be my giraffe,
I'll promise to do things to make you laugh.
Mir reicht Vergangenheit bis an mein Kinn.
The beavers, dear, have gnawed off all the trees,
and as you look at me they're working on my knees.

Der Hahn drückt mir ein Schlaflied in den Nacken,
der Boiler summt den Bass betrübt und wüst,
ich schaue mir beim Dösen selbstgesprächig zu,
gleich wird das Brainmap mich mit den Tentakeln packen:

Es ist nicht realistisch, hier zu sitzen
im Dunst, im Nass hebt Zeit sich aus den Angeln.
Erreich dich nicht mit Tieren, nicht mit Witzen, es läuft
aus und
der Geist der Nacht wohnt tief im letzten Gurgeln.

Auf rosa Socken steht in der Aida
die Kellnerin und wackelt auf dem Plüsch
und hängt eine Girlande für den Fasching auf.
Die Schlapfen stehen leer, weit unter ihr.

Im Mistkübel liegt tot Ayrton Senna,
10% mehr in roten Lettern drauf.
Nicht einmal 20%. Das ist wenig,
denkt Senna, als der letzte Tropfen Ketchup aus ihm
rinnt.

Wir witzeln trübe und wir meinens ernst.
Wir trüben Witze mit unsrem Humor.
Wir lachen drüber, aber wollen mehr:
Wir wollen, dass das Drechsler offen hat.
Wir wolln vom Papa Ratzi mehr Bonmots.
Wir finden Auferstehung nicht so glamourös.

Denn Jesus Christus war nur ein Vertreter
dessen, was Thomas Gottschalk heute ist:
Mattscheibe eines Witzes seiner Selbst, oder
was der Friseur ihm einst dafür verkaufte,

während der Heilige Geist wie Dieter Chmelar
aus nichts als Studiokabellurch besteht,
das sich, zwei Kläglichkeiten formulierend,
für Moderatorinnen zusammenreißt.

Wer träumt denn nachts noch von Aidasocken?
Der Mann, der Wäsche wäscht an Feiertagen,
ihr lächelnd aus der Dauerwelle hilft
und fragt: »Was hast du für Gesundheitsschlapfen?
Ich intressier mich für Gesundheitsschlapfen!«
und kitzelt ihre Zehen, bis sie kichert.

69 An Induktion To The Blues

It's a very attractive little device
that combines a frequency follower with a device
that puts out harmony notes to what you're playing …
Its main drawback is that the tone that comes out
of it is somewhat like a Farfisa organ.
Frank Zappa on the Electro Wagnerian Emancipator

Dort stand er mit den Ellbogen am Plattenteller
und ich fühlte mich schrecklich analog,
so hilflos ausgeliefert wie ein Wachszylinder,
eindrücklich revolvierend. Scheiternd on the dancefloor,

choliambisch in den alkäischen Beats. Alkäischen?!
Ich hatte nicht mit solch subtilen Bässen hier gerechnet!
Allerdings auch noch nicht zum Pult geschaut,
hochschreckend erst bei der Anakreontenmucke.

Sein Anblick fuhr mir rasend durch die Adern.
Mein Herzschlag horchte auf und
wollt sich nicht entblöden,
mich wie ein Kurzschluss haltlos
auf die Tanzfläche zu strecken.
Vinyl schmolz wie Lakritze.
Noch zerfurcht vom Schrecken
schleppt ich mich an den Rand von dieser Rille.
Blieb noch in Hörweite. Schwach klopfte mein Wille.

Er an den Tellern konnte kaum die Augen offenhalten
und zwei mal kippte er beinahe um oder sein Bier um,
und wenn er überging von einer Nummer in die andere,
klang es wie Halbschlaf und Widerstand dagegen.

(Wahrscheinlich arbeitete er tagsüber
am Störungstelefon und hörte Stimmen
ihm durch die Leitungen Oden zuflüstern,
pochte sein Schädel gegen die Anliegen der Kunden.)

Und nach ein paar weiteren schweren Stunden,
die Luft im Club ist dick schon von den Oden
legt mein erschöpfter Genius die letzte Scheibe auf
und setzt sich neben mich. Sein Kopf sucht höflich
Dialog,
von seinem Schopf wird diese meine Schrift total
verschmiert,
beginnt im Traum zu reden,   aber redet Dialekt.

Sie hat n Date und starrt die Blume an.
An sich hätt er schon lange da sein sollen.
Soll das Gewächs auf dieser Seite so
so unförmig blöde ins Zimmer hängen?

Hängen solche Dinge wohl zusammen?
Am Ende stellt das Ding ihr Denken dar.
Darum blickt sie lieber alle Sekunden,
um den Erwarteten zu sehn, zur Tür.

»Türlich, Darling, hab ich dich nicht vergessen!
Essen wir hier oder später woanders?«
Derselbe Ton, den sie von letzter Woche kennt.
Könnte er bloß aus nichts als Konversations-
Ionen bestehen, die ihr Ohr wie Salven treffen;
fänden sie bloß in ihr nicht gar so viel Bekanntes.

Desgleichen sucht sie in seinem Gesicht
– ich täte sicherlich nichts anderes – schon
ohne Notwendigkeit nach etwas Neuem.
Emsig. Aber sie wird nichts finden.

Denn seine Augen bleiben bei Bekanntem,
empathisches Verfahren meidet er geschickt,
schickt was aus einem Fundus eingeübter Blicke,
keinen, der ihre vielen Nervenenden trifft.

Triftige Gründe, ihn nicht mehr zu treffen,
fände sie sein Gebaren nicht so hübsch.
Üb Schauen, sagt sie sich und hört nicht zu,
zu unversehrt parlieren seine Lippen.

Penultimatum: Er hilft ihr in die Jacke:
Kacke: Sie trifft den Ärmel nicht und fällt um.

Stendhal ist abgestanden nun schon viele Jahre,
6 oder 7, durchgestanden nie.
Residual die Mineralien der Schule
der Wahrnehmung versumpern in staubigen Schlieren.

Schmierig nur mehr die Tränen deiner Akne,
die Antiaknecreme ist unberührbar,
weil Staub sich an die Oberfläche klammert.
Mit klammen Fingern, rissig, zahlst du bar,

reißt die Verpackungen von Briefen
von der Bank, und klaubst vom Fenster
Bekleidung, die vor Monaten dort einfror.
Kletzelst Eiswehen von der Scheibe – gleiten
anhänglich auf und ab mit deinen Fingernägeln
aufm Glas. In deinem Innern klirrn die Splitter
deines Idols, das dich einst an die Welt verlor.
An etwas, warum dann nicht an dir? musste das Schöne
scheitern,
um richtig schön zu sein. Es klirrt wie Stahlgitter.
Kristallen fehlt die Einsicht, wenn sie kiefeln
sich selber ab, und schneiden sich die Zunge,
welche in Teilen hängenbleibt, an unterkühlten Welten.

Bleibt nichts, als dieses Eis hier zu entfernen.
Es kann unschädlich in den Gully schmelzen.
Du musst das Hobeln kennen und die Kerben lernen,
klare Strukturen spüren und beweglich Schmerzen

aushebeln, wenn sein muss. In Vormärzen
schreitest du durch Schnee, er steht und glitzert.
Behalte deine Späne für dich; die Birne, Mädchen,
glüht kühl. Du weißt, du warst nie eine für Kerzen.

Alles, was möglich ist, ist leicht.
Was aussieht wie Schwierigkeit
ist Zeit. Du liebst mich oder du liebst mich
nicht. Dann nicht. Vielleicht lernst dus.

Doch wenn dus lernst, dann ist es da oder nicht da.
Es gibt keine Prozesse, nur eins und eins
und null. Ich sitz in der Null und verstehs nicht.
Walk the line and walk and walk and hold back the tears.

Wir bewegen uns unbeholfen in Raum und Zeit
und wenn wir was gelernt haben, dann, nicht anzustoßen,
durch trial and error.   ’ch will mehr error!
Der Popsong, drei Minuten, ein karger Vektor,
bleibt digital, und was gibt es zu entblößen,
eine Wange oder die andere ist gefeit.

Wars nicht mal analog? Es war nur sInterface,
schlaflos im Unerklärlichen, und die Tränen
spritzten vor Rechenmaschinen, dem Unausweichlichen,
vor dem Begreifen Zurückweichenden, der unharten
Welt.

’ch berühre dich oder berühre dich nicht.
Dazwischen ist zusammengedrückte Zeit,
unausgeglichener Raum sich anhäufender Pole,
nichts Unbenennbares, nichts Unwägbares.

’ch so, Berührung ist nicht möglich.
Ach ja, bestehen alle aus dem gleichen
0-1-Gewebe, feixend und sich verschiebend,
nichts muss etwas, etwas nichts weichen,
bewegend sich rasch, wild oder zögerlich
zurück, nicht mögend, niemals sich liebend.

73 Retcon Zeitskandal

Beim Durchsehen des Nachlasses kamen sie
dann drauf: sie hatte die Briefe vordatiert.
Es nutzte nichts: Er wurde nur verwirrt
und starb kurz drauf. Er sah sie nie.

Hätt er sie noch gesehen, hätt er sie gemocht?
Sie war sehr dünn und liebte ihren Mann
und manchmal wich sie ihren Kindern aus,
schlich, als sie schliefen, aus dem Wohnquartier,
lief durch die dunklen Straßen und kam an
den Fluss und brannte wie ein langer Docht

nochn kleines Stück bevor sie wieder ging.
Kirschblüten. Warum nicht sLeben. Kleidchen
die frühsten Kindserinnerungen: Sehen Sie,
sie hatten doch etwas aus der Vergangenheit gemeinsam.

Und diese Einsamkeit, und unser Föhn
traf öfters statt des Brennens ein. Der Kitsch
saß ihnen auf den Schultern wie ein Alp, und unschön:
diktierte, strich, diktierte, strich.
Sie fragt ihn mehr als einmal: Meinst du mich?
und er fragt mehrmals: Willst du mich verhöhnen?

Sie sah ihn nie. Er hatte einen Schnurrbart.
Von Ferne stört das weniger. Sie schlang
den Schafspelz noch im Gang sich um die Schultern,
der Brief erfror sekundenschnell mit ihren Fingern.

Sie wäre gerne früher auf der Welt gewesen,
sehnt sich beständig nach dem Vortag. Schiebt
den Schlaf hinaus, steckt Nadeln in die Kerze:
was sie jetzt schreibt, wird er erst übermorgen lesen.

Wir stemmen ohne es zu wissen
die kompliziertesten Prämissen
des Nachts, wenn noch zwei Bier im Kühlschrank sind
und jeder schluckend auslässt, einzuatmen.

Analysiern Gefallen, Variationen
in kurzen Stücken, Sehnsüchte, Kadenzen
geronnen durch elektrische Gitarren.
Es lässt uns schaudern und zusammenfallen.

Dann unter Deckenutopien tonnenlastig,
isanabasisch wölben sich die Rücken.
Konzept stützt unsre trägen Atembögen
in Kurven wie von deinen Lippen, Stücke
verkorkster Träume, dass wir flögen,
zerfressen von Beschwernis, beinah parallel.

Doch ist die Dopplung, schön im Schlaf,
am hellen Morgen noch zu retten? Flucht
alleine scheint allein nicht unerträglich.
Ich weite also aufdröselnd die Kluft

von dir und gestern Nacht und hier, und schnell
löse ich zwei Tabletten im Espresso auf,
doch deine weiße schwere Decke
bedeckt den Hinterkopf. Es geht nicht auf.

Was machbar in der Nacht, ohne Gewicht,
isanabasisch raucht sich quasi selbst
und findet auch von selbst den Aschenbecher,
ist in der Früh nicht alles besser:
wissen wir, wie falsch liegen, quasi selbst
identisch parallel, bloß dein Gesicht

75 Inkommensurabilität

Wie lang sind deine Schritte, B,
und kann man sie mit deinem Hosenbein vergleichen?
Ein Satz, sagt Wittgenstein,
kann Gegenstände kleiden wie Gewand

und diese Wand, B, wir starren
auf sie, wenn wir versuchen, etwas zu erläutern,
legen die Wege des Gesprächs
in Abschnitten dorthin zurück, mal du, mal weiter aus,

was du beschreibst, ich glaub, ich kenns.
Ich hab mal etwas Ähnliches bemerkt, und wenns
wahr ist, dann meinen wir dasselbe.
Und deine Finger auf dem Tisch, sie legen
was Unsichtbares für mich aus, dagegen
ist alles aufzuspannen wie dasselbe.

An meinen Fingerknochen zähl ich gern die
Monate ab. Bis ich sterbe, werden
die Hände etwas schwerer, mit denen ich diesen
einfältigen Sinn in deinen Körper drücke

jetzt, und im Zögern
zu sprechen ist die Sensation der Umkehr
von allem: ich bin Wirkung und du hast die Ursache
gewusst und mehr brauchts nicht.

Mein eines Bein liegt unter deinem,
dann wieder eins von mir, dann deins. Und keinen
störts, dass wir nicht wissen, welches Knie
gerade einschläft. B, ich kenn den Schmerz des Beins,
den es nicht kennt, auf andre Weise, scheints,
auch nicht. Wir sprechen, lieber B, ich weiß nicht wie.

Im Augarten schneiden die Gärtner
die schwellenden Knospen, und fallen
die Äste, die Kräfte, die Säfte
dem ruckelnden Häcksler zum Fraß

und was ich begonnen, verendet
in elendem Wankelmut:
Ich weiß nicht einmal, ob ichs wollte,
ich weiß nur, ich wollte es gut.

Die Läuferin bewegt sich leicht, als ob sie schweben
würde,
trägt keinen Schlüssel, hat daheim nen Freund,
die Kindergartenkinder laufen Rennen,
die Tante Ulli ist die letzte Hürde,
der Hund der Dreadlocktussi möchte flennen,
sein Frauchen rollt sich seelig einen Joint.

Ich heulte wie ein Wurm an deinem Fenster,
und als du heimkamst, schlenderte ich weg.
Es brennt zu schwach. Ich sammle immer Funken auf,
doch kommst du, winken die Gespenster ab
und scheinen mir zuweilen alles,
was ich jemals erreich, bis ich verreck.

Die Streichhölzer hier sind asbestverseucht
und draußen wütet still die Vogelgrippe.
Wenn ich sie zünde, sticht ne faulige Flamme auf
und beißt mir hoch und giftig an die Lippe,

und du, du bist wie dieses Klopapier, das
in großen Rollen dunkel im Behälter kauert,
dass man es lange in die falsche Richtung dreht,
und dreht mans richtig, gibts nur was zum Abreißen.

77 Beim Beschleunigen flattert dein Revers

Ich bin ein Wrack und fahre Autodrom.
Ich warte auf Bestätigung. Das Telefon
antwortet nicht. Schau blind ins Schneegestöber.
Ich schreibe das Sonett, als wüsst ichs schon,

was ich erst recherchieren wollte. Das ist Traurigkeit,
der Schnee liquide, alles knapp am Wiedereinfriern,
das Augenwasser bleibt, zu kalt, lieber im
Backstageraum,
wo ich mir vor paar Tagen die Nase anhaute. An der
jetzt Schorf ist.

Alles franst aus, nichts geht sich aus, ich bleib heut da
und führe Dinge,
die wohin führn könnten, aber nicht sicher,
lieber nicht aus, um nicht zu sehen, wie sie nirgendwo-
hin führen und verenden knapp nach meinen Plänen;
lese im Netz ein Interview mit Guattari; scheint da
alles voller Möglichkeit. Das war vor 20 Jahren.

Wir stocken, blicken: haben uns verfahren?
Wir stocken. Hilflos. Ist es der Kontakt?
Wo manchmal funkt sGitter der Zwischendecke
des kleinen Bodens, wo wir uns aufhalten, klammern
und halten, halten uns, und fest, die Augen
sind weiß, Haut rot, sonst irr, etwas vertrackt, am Steuer.

Jetzt blinkt was. Sag, sprachst du von Faraday?
Fahr, sagst du, fahr, wir haben nicht den ganzen Tag Zeit,
es wird schon Abend, siehst du nicht, wie schräg
und gleißend Licht erreicht die Kassahütte?

Man rempelt unsren Käfig, Baby! steig aufs Gas!
Lass flapsen die leitende Feder übers Netz,
renn uns so schnell es geht gegen den Bord
und küss mich. *This is as good as it gets.*

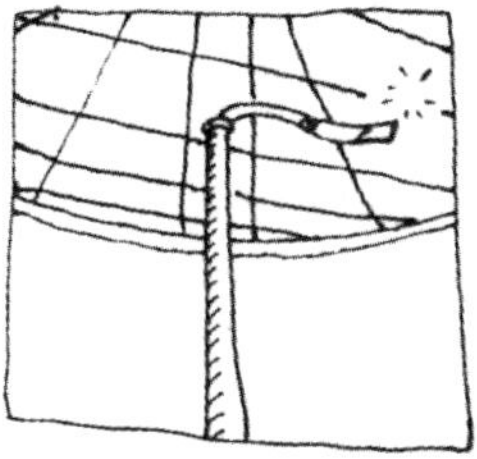

78 »Sie haben wieder eine Mediation ausgeschlagen.«

Die Läsion klafft schmerzhaft auseinander,
nachdenkend drin ein abgelenktes Herz,
sein Pochen umgelegt, die Scherze klappen,
die Adhäsionen durchsegeln Anästhesien,

doch auseinanderbrechen wird die Liaison, sie
war nie nicht nichts als schale Konstruktion,
die Zeilen werden ineinanderkrachen, und die
Gedanken einfallen als wie Karton.

Wenn ich ihn runterfahre, blinkt noch ein Bindestrich in
der Finsternis, beharrlich, unverständlich:
etwas, sagt er, stimmt nicht mit meinem Ende.
Ich drücke auf den Power-Knopf, bis mit nem Schauder
er sich begibt. Mary Diane kommt zu mir und
bringt zwei Flaschen Gedanken mit.
Und ich bin einverstanden

mit allem Federn, allem Kurven
das unsere Füße durch die Gassen zieht
und mit dem Kraftanzug des Korkenziehers
und mit Zement und Kühle auch, was solls:
Sie meinen alle, dass sie frei sind, sagt sie,
sie wollen sich gar nicht auf der Straße niedersetzen.

Ist alles voller Fehler, sagt sie, hustet
und gibt mir heute Abend einen Kuss.
Morgen wird alles wieder hochgefahren,
alles geht weiter und so, elegischer Stuss;

wir grinsen, lecken unsere Symptome.
Es fluchen in der Stille dieser Straße
die Fußtritte.   Und die Loxodrome
trifft trunken auf, als käme sie nach Haus.

Inhalt

Gegenwartsliteratur in der edition suhrkamp Eine Auswahl

Bernd Cailloux. Der gelernte Berliner. Sieben neue Lektionen. es 2563. 251 Seiten

Ann Cotten. Verbannt! Versepos. es-Sonderdruck. 168 Seiten

J. D. Daniels. Die Korrespondenz. Übersetzt von Frank Jakubzik. es 2713. 121 Seiten

Andrej Gelassimow. Durst. es 2624. 115 Seiten

Mark Greif. Bluescreen. Essays. es 2629. 231 Seiten

Durs Grünbein. Die Bars von Atlantis. Eine Erkundung in vierzehn Tauchgängen. es 2598. 60 Seiten

Frank Jakubzik. In der mittleren Ebene. Erzählungen aus den kapitalistischen Jahren. es 2707. 160 Seiten

Thomas Kapielski
- Mischwald. es 2597. 347 Seiten
- Neue Sezessionistische Heizkörperverkleidungen. es 2680. 214 Seiten
- Je dickens, destojewski! Ein Volumenroman. es 2694. 458 Seiten
- Leuchten. A- und So-phorismen. es 2738. 160 Seiten

Natalja Kljutscharjowa. Dummendorf. Übersetzt von Ganna-Maria Braungardt. es 2640. 140 Seiten

NF 1094/1/10.17

Christiane Körner (Hg.). Das schönste Proletariat der Welt. Junge Erzähler aus Russland. es 2637. 210 Seiten

Detlef Kuhlbrodt
- Morgens leicht, später laut. Singles. es 2517. 124 Seiten
- Umsonst und draußen. es 2584. 199 Seiten

Thomas Meinecke. Ich als Text. Frankfurter Poetikvorlesungen. es 2651. 349 Seiten

Herta Müller. Lebensangst und Worthunger. es 2620. 53 Seiten

***n+1*-Research (Hg.).** Ein Schritt weiter. Die *n+1*-Anthologie. es 2539. 292 Seiten

Albert Ostermaier. Fratzen. Blaue Spiegel. Stücke. es 2587. 155 Seiten

Carmen Pinilla/Frank Wegner (Hg.). Verdammter Süden. Das andere Amerika. Übersetzt von Frank Wegner. es-Sonderdruck. 315 Seiten

Andrzej Stasiuk. Tagebuch, danach geschrieben. Übersetzt von Olaf Kühl. es 2654. 176 Seiten

John Jeremiah Sullivan. Pulphead. Vom Ende Amerikas. Übersetzt von Thomas Pletzinger und Kirsten Riesselmann. es-Sonderdruck. 416 Seiten

Uwe Tellkamp. Die Sandwirtschaft. Anmerkungen zu Schrift und Zeit. Leipziger Poetikvorlesung. es-Sonderdruck. 163 Seiten

NF 1094/2/10.17

Kate Tempest
- Hold Your Own. Gedichte. Übersetzt von Johanna Wange. es 2706. 200 Seiten
- Brand New Ancients / Brandneue Klassiker. Lyrik. Übersetzt von Johanna Wange. es 2733. 112 Seiten

Kevin Vennemann. Sunset Boulevard. Vom Filmen, Bauen und Sterben in Los Angeles. es 2646. 184 Seiten

Raul Zelik. Der Eindringling. Roman. es 2658. 288 Seiten

Serhij Zhadan. Big Mäc. Geschichten. es 2630. 227 Seiten

NF 1094/3/10.17